Aesthetics

后浪

| 叶秀山 著 |

美的哲学

（重订本）

北京联合出版公司
Beijing United Publishing Co.,Ltd.

目录

重订本前言

好几年前，北京后浪出版公司的吴兴元先生就约我重版此书，因为这是近十年前的书，要再版不如重新写一本，无奈我十年来没有再做美学方面的研究，思想也集中不到这方面来，重写难，改更难，不得已就订正了一些词句重印一次了，这是首先要向读者道歉的，而且我这个做法，也向读者讨个谅解。

我是一个很不成熟的作者，当时信心十足写的书和文章，过不了多久，又觉得要"改"了，检查其原因，一方面我的"兴趣"经常在"变"，一方面也是"学问"上，"思想"上不成熟的表现。

自打写了《美的哲学》之后，我倒也没有闲着，除写了长长短短的一些文章外，主要完成了两个项目：一是为学术版多卷本《西方哲学史》的《绪论》前半部"欧洲哲学史"部分，然后是集中精力完成"西方哲学中科学与宗教两种思想方式"的项目，就工作来说，平时读书写作也都集中在这两个方面，其他方面，就很难顾及了。

当然，工作作业面固然有方方面面的不同，但在"哲学"的道理上，也都是相通的。如果说，这十年只是做了"不同"的工作，那么现在再来看《美的哲学》虽然不能修改，但可能还是满意的，甚至会觉得现在要写可能都写不出来了；无奈情况不是这样，我现在至少自己觉得要重做会做的更好，这是很别扭的事情。

譬如对于康德的《判断力批判》，我虽然一直比较重视，但只是在最近这几年，才开始觉得有一些重要的问题过去我理解得很肤浅，甚至是不对的；而这种情形，又是跟对康德哲学的整体把握不可分的。我现在的认识是：康德在出版《纯粹理性批判》时，他的三个《批判》的大轮廓已经具备，在这里，不仅预示了《实践理性批判》的方向，而且也有了《判断力批判》的"目的论"的规划，只是"审美"的"批判"的确是《判断力批判》新加的内容。《纯粹理性批判》里经常出现"目的论"的问题，甚至在"先验辩证论附录"里集中阐述了

这个问题，但是"审美—aesthetic"的先天原则，则是被否定的，而的确是到了《判断力批判》才"扶正"了过来。

对于康德的这三个《批判》的关系的理解，我现在侧重思考的是："建构性原理"和"范导性原理"的区别问题，在康德，"知识"和"道德"—"知性"和"理性"运用的都是"建构性原理"，前者通过"自然"的"概念"，后者通过"自由"的"概念"，但是"审美"和"目的"却是"范导性—规整性"的，是一种"反思"性的原理。

何谓"建构性"？在康德的意思，可以理解为，一种从"概念"的原则"建构"出一个"直观"来，譬如根据"圆"的"概念"的"原理"可以"建构"起一个"圆"的"直观""图形"来，亦即，我们按照"一个中心点"与其"边缘"各个直线皆为"等长"这个"原理"，就能"画出"（建构出）一个"圆"的"图形"来，这样由"概念""建构"的"直观"，乃是"无待经验"的"先天直观"。这在康德的知识论中是相当清楚的。

然而，"审美"和"目的"就没有这个特性，它们不可能由一个"概念"的"原理—原则""建立—建构"一个"直观（图形）"来。在这个"判断力"—"审（评判）美"、"审（评判）目的"的"领域"，并无"确定性"的"概念"的"原则—原理"可以"运用"来"建构—

建立"它的"直观",这似乎就意味着,不仅"目的—终极目的"是一个"理念",而且"美"的"概念"也只是"理念",没有相应的、确定的"直观","建立建构"不起来一个"先天直观",没有"直观",也就进入不了"经验",不能成为"经验对象",因而"美"和"目的"的"判断"都不可能是"先天综合判断",因而不是"知识",也不是"道德"。这样,"美"和"目的"都不是"自然"的一种"客观"的"属性"。

与我们这本书内容有关的,我们看到,"美"和"艺术"都不可以从一个确定的"概念"出发,来"建构—建立""直观—形象"。很多年来,我们文学艺术经常批评的"概念化—公式化"的毛病,在这里有了一个理论的安顿。"艺术创作"并不是从一个"概念"的"原理原则"出发,来"画"出一副"图象"来;它的路线恰好相反,是从一个具体的经验的"直观—直觉"出发,"寻求"一个"不确定"的"概念",亦即"不受直观限制"的"概念",亦即"理念"。"不受直观限制—理念",亦即是一种"自由的概念",这样,"判断力"的问题又"兼容"了"实践理性"的问题,所以康德有时也说"判断力"是"理论理性"向"实践理性""过渡"的"环节";换一个角度来看,"判断力"的问题也就"蕴含—兼容"了"思辨理性"和"实践理性"的问题,虽然范围仍在"思辨理性"之内,但它的处理方式是"范导"式的,"路线"是由"个别特殊"到"普遍"的,而不是相反。就这一点来说,《判断力批判》的问题,又是更"基础性"的,亦即本书经常提到的,它涉及的是"基本的生活世界"。

在这个世界里,"理性"并无"权力"像在"知识"和"道德"领域里那样,"建立—建构"自己的"独立王国",而只能通过"理念"来"调节—规范—引导""经验""无限—自由"的"追求"。"理性"在这个"领域"里的"运用—作用"是"范导"性的,而不是"建构"性的。

康德经过"理性"自身"批判"之后得出的这样一个"建构性"和"范导性"的区别观念，在他的哲学中有很重要的意义，但这个方面，我长期并没有给予应有的注意，以致使我对他三个《批判》的理解不很过得硬，存在着不少马马虎虎蒙混过关的地方，而在康德，无论你同意与否，都是有所交代的。

"理性的概念—理念"和"知性的概念—范畴"不同在于：前者在"经验知识—科学知识"的"王国—领地—ditio"内只具有"范导性"功能，不具有"建构性"功能，但也并不是可有可无的，"理性概念—理念""规范—引导"着"科学知识"，"自由""范导"着"必然"，"自由"不是"自然"的"属性"，不是"知识"的"对象"，但确"引导"着"自然"，"经验"中"找不出""自由"，一切都是"因果"的"必然""环节"，但"自由"作为"理念"却"引导—牵引"着"经验"。

于是，我们看到，即使在《纯粹理性批判》中，康德在阐述了"理念"不能成为"科学知识""对象"的同时，并用大力气揭示理性"二律背反"在"知识王国"的"虚幻性"后，还要特别提醒读者不要忽视了即使在"思辨理性"、"理念—物自体的观念"具有一种积极地"范导"功能。正是在这样一种区别的基础上，康德阐述了"目的"和"终极目的"的问题，这些问题如何在"思辨理性"的范围内，也能具有一种积极的意义，也就是说，我们在"科学知识—思辨理性"范围内，在何种意义被允许运用"目的"以及"终极目的"这样一些"理念"，既然它们已经被"批判"地揭示都是一些"超越经验"之外的观念，何以还能对"经验"起"作用"。

解决这个问题的关键似乎在于"界限"这个概念上。"理念"的确在"经验""界限"之外，但要对"经验知识"起到合法的作用而不至于"越权"，则"理念"必"在""经验"的"边界"上，一方面"守卫"这个"界限"，另一方面这个"理念"既是"自由"，则是"自由""守卫"着这个"界限"，"经验"的"界限"是"自由"的。这就是说，"自由""范导"着"经验—自然—必然"。

过去我也曾经注意到了"理念本质—物自体"这样一些观念，作为"概念"，是一些"界限"的"概念"，康德也叫做"问题性成问题的""概念"，但我的理解也仅止于此。

随着这条思路，进入"美"和"艺术"，在康德似乎也有个发展的过程；当然如果联系他早期对于英国伯克关于"美"和"崇高"的研究论文，也可以说这个问题本身，在康德也是有长期思考的，只是他在做"批判"的工作时，因为这个第三《批判》"厘析"出来的"理性"职能判断力只是"范导性—规整性"的，所以在"批判"之后，并未将"美崇高艺术"和"目的"问题，如同他对于"自然"和"自由"那样，有一个"自然"和"道德"的"形而上学"作为"学说"上的目标，而相反，认为不可能有"美"和"目的"的"形而上学"之"学说"。在这个意义上，康德以后如谢林特别是黑格尔的"艺术哲学"或"美学"，也就不是康德心目中的"形而上学"，这之间的思想上、历史上和理解上的关系，还需要下功夫去理清的。

从康德到黑格尔，再到胡塞尔至海德格尔，关于"形而上学"问题上的思路，是一个复杂而又有趣的问题，对它的研究颇费时日，我会努力去做，但现在还没有系统的思想可以告诉读者，这也是我不能"修改"这本从哲学来谈美和艺术的小书主要原因。

次要的原因是我这多年来对于美和艺术的问题过于隔阂了。从这本书也已经看出，名为"美学"，但主要在谈哲学，说明对艺术已经开始有了距离。

早年我对"美学"和"艺术"的兴趣非常专一，甚至觉得哲学太"抽象"，干巴巴不好玩。这种态度当然有主观和客观的原因。主观上说，那时候年龄小，理解力差，玩心重，觉得"哲学"枯燥，而"艺术""寓教于乐"，既是"学习工作"了，又"玩"了。"做美学"，"工作"显得"轻松"，而"娱乐"中又显得"严肃"，真是个"理想"的境界。

在客观方面大概也是因为当年（五六十年代）"美学"这个领域可能也比较"宽松"些，当然说"宽松"，也是在很"相对"的意义上，"艺术"有许多"政策"，而理论上的"大批判"更也还有不少，我生在那个时代，在这个潮流中，也写过不少这类文章，想起来很别扭，但也不必讳言；或因"人微言轻"没有被当时的"伯乐""选为""棍子"也就很"庆幸"了。

应该说，那种尽管很相对的"宽松"已经吸引了一批爱好"自由思考"的学者，参与到这个领域中来。

不过这个局面没有延续多久，随着"革命的深化"，先是"艺术"领域变得紧张起来，从"京剧现代戏"到"京剧革命"，一场轰轰烈烈的"文化大革命"，居然在一个古老传统的剧种——京剧中首先发难，也真是很奇怪的事情，这大概也是我们历史上"文字狱"的一个延续和扩大吧。

"好玩"的。艺术"不好玩"了，本来相对"宽松"的环境成了最严酷的阵地，非坚强的"战士"不得入内。我因家庭出身和个人表现不合格从未被吸收为"红卫兵"，不是"革命动力"，又因为所在单位"牛鬼蛇神"太大、太多，也侥幸未成"革命对象"，成了"左右逢源"也"左右为难"的"逍遥派"。后来人们说，"逍遥派"占了"便宜"，这话也有一定道理。首先革命的任务少些，自己的时间多些——当然也有限，心情相对比较"平静"些，"地下工作——偷偷读书"

就会抓紧些。

就"客观"情况言，随着"文化大革命"的深入发展，随着"艺坛"八个样板戏越来越"僵化"起来，"哲学"的"理论问题"反倒"暗暗地""活跃"起来。且不说过去心目中那些"哲学理论老师—大师"像杨献珍、艾思奇等等都早已趴下，就连一直当红的陈伯达也倒了，还有那康生，虽是较晚倒台，但也早有暗中的议论了；更不用说我们上学时奉为经典的《联共(布)党史》里清楚系统论述"辩证唯物理论—历史唯物论"的"四章二节"，早已不能成为"根据"来引证的了，但一直也没有"系统"的"批判"，只是"含糊"着，这一"含糊"，反倒引起了"理论"的兴趣。"哲学"在"人人"都要学的"覆盖"下，虽然不是人人都"思考问题"，但原本就是做哲学的，此时的脑子就有了"逆反"的"催化剂"。

相比之下，"哲学"反倒"自由"一些了。因为"艺术"这种"活动"，常依托于"视—听"，要"有形"或"出声"，那时要转入"地下"，有相当的困难，而"哲学"的"书"，就方便些，"哲学"的"思想活动"，更是"无形"、"无声"，看不见摸不着，尽管长期来很重视"思想改造"，也是"收效甚微"。这样，再加上主观的兴趣倾向，我逐渐地真的转移到"做哲学"来。

做着做着，才发现，原来"哲学"并不"枯燥"，而是十分"有趣"（也就是"好玩"，但为了避免"闲情逸致"之讥，就不说这个词了吧）；也不是"抽象"，而是非常"具体"的。于是进入"改革开放"后，我就在"哲学"这块土地上"耕耘"起来：从古代希腊到康德、黑格尔，至叔本华、尼采再到胡塞尔、海德格尔，以及上世纪后半叶出现的"后现代"诸家，觉得"其乐无穷"，对于"艺术"实在无暇顾及了。不是说，这个阶段"艺术"还在"禁锢"中，它是很"自由"了，可以说，中外古今各种艺术都有机会在中国的"大舞台"上"表演"了，山阴道上应接不暇了，我却没有精力和时间"看"了；还是"读书"方便，一本书，一杯茶，如果二者都能谈得上"好"，则其乐也无穷。

这样，我对于"艺术"的现状实在知道的很少，只觉得是十分繁荣活跃的，无论戏剧、音乐、绘画、舞蹈等等，都各自"领风骚"很多年了，而且不是"收效甚微"，而是"硕果累累"了；特别是在"艺术"更加深入地"进入""市场"之后，又有了一番新面貌，正如"后现代"诸家所谓的"实际现实""解构"了原有的"艺术""系统"，一如"解构"了"思想哲学"的"系统"。由"产业化"到"商业化"占领了一切领域，并非危言耸听。所好现在不是"人人唱"的时代，个人可以有自己的"娱乐"方式，不用强求一律，也如同"哲学"领域，各自有自己的"做法"，有专事推广的，推广也各自不同，有推广孔教的，有推广道教的，也有推广周易的等等，也可以不做推广的工作。我做欧洲哲学，绕了一圈之后，仍然归到了"德国古典哲学"这个系统，深感仍需学习。

譬如刚才提到新进的"解构"，其实"哲学"一直在做"解构"的工作；就我做的范围来说，康德、黑格尔都已经包含了这个"解构"的因素在内，因为他们强调"理性"的"自由"，而"自由"本是一个"解构"的力量。一方面如后现代诸家所言，"现实实际""解构"着"思想"的"体系"，另一方面，"思想"如作"理性自由"观，则也"解构"着"现实实际"的"体系"；而且"思想体系"的"解构"，往往通过"思想体系"的"内在矛盾""解构"的。这一点，康德的"二律背反"揭示得很清楚，"思想"的"二律背反""解构"了"知识"的"体系"，"理性"的"僭越"，亦即"理性"之"自由"，唯有通过"理性"自身的"批判"，"厘定""理性"之"合法""职能"，也只能"限制""理性"的某一部分（知性）的"僭越."，而不能"消灭"这种"僭越"，甚至即使在康德做这项"制约"工作时，也很强调这种"僭越"的"提示"作用：有一个"本质自由"在，有一种不同于"经验科学知识"的"知识"在，亦即有不同于传统的"哲学—形而上学"在；于是我们有了黑格尔哲学。

说到这里，似乎离题太远了，我只是想说，这本小书名为"美的哲学"，实际重点未在"美"和"艺术"，而在"哲学"，而在这本书之后我的工作也还有些进展，所以现在再检阅这本书，有无可奈何之感。

在书写方式上，有一点倒是可以指出：这本书是我一口气写成的，不是"规范"的学术文章，以后我的书和文章，常常都是这样的写法，这是一个开始。之所以这样，或许是因为，如果再做旁征博引，一是没有耐心，二也是觉得总还是自己要说的"话"是主要的，养成这个习惯，所以对后来我的文章有失学术规范的地方，一并在此道歉了。

今后我大概也不会再回到"美学"或"艺术"来，但是在哲学的研究中，如果遇到涉及"艺事"方面，也是不会回避的，近期尤其对于康德《判断力批判》涉及的问题，想有一个贴切的梳理，也会谈到"美"和"艺术"的问题，当然，那也是先要在康德自己的"批判哲学"意义内厘清关键的问题，从这个角度来谈他的"美"、"崇高"和"艺术"的问题。

叶秀山

2010年6月15日星期二北京

第一部分　引言——美学与哲学

一、美学是一门什么样的学科

　　"美学"作为一门特殊的学科，不是中国传统的学问，是从西方引进来的。按照西方的传统，凡一门学问，都有自己的独特的对象和研究这些对象的一套方法，于是在西方,所谓"学问"就是"科学"。有实践的科学和理论的科学。学了实践的科学，就可以制作出自己需要的东西来，而学了理论的科学，就能够把握所研究对象的内部结构和外部的关系，最终还是有利于制作出自己需要的东西来。拿这个一般观念来套"美学"，则会产生不少困难。首先，"美学"的"对象"本身就是一些不好解决的"问题"，不像"物理学"的"对象"那样"确定"，因而也就很难为这些"对象"来设定一套可靠的、似乎一劳永逸的"规范"和"方法"。不错，西方的美学经过多年的发展，积累了不少材料，甚至有过不少"体系"，像康德、黑格尔、克罗齐以及贝尔、兰格……这些都是中国读者所比较熟悉的，但这些大家们所写出的书、所提的"体系"，仔细想起来，都会发现许许多多的"问题",或者说,他们的"体系",似乎本身就是一个或一些"系统"的"问题"。

我们这样说，并不意味着别的学问、别的学科都是天衣无缝不出问题的，任何学科都有自身的问题，科学家就是为解决、解答这些问题而工作的；但我们也不能不看到，美学里的问题似乎和其他有些学科不同，就是说，这些问题就其本质言，似乎是永远开放 的，是要永远讨论下去的。人们在这里，真的像是遇到了苏格拉底的"诘难"：永远提问题，而不给答案。

在这一点上，"美学"作为一门学科是和"哲学"一样的。

"哲学"作为一门学科来说，也不是中国传统固有的学问，而是在西方自古代希腊以来发展得很成熟、甚至被认为是过于成熟了的一门学问。古代希腊人从原始神话式思想方式摆脱出来，产生了科学式的思想方式，这种思想方式以主体和客体在理论上的分 立为特征，把人生活的世界（包括自然界）作为观察、研究的"对象"，以概念、判断、推理的方式来把握世界的"本质"，并以此为工具来改进自己的生活、谋求自身的福利。

在希腊，"哲学"来源于"爱智"，或"爱智"者，"爱""提问题"，"爱""刨根问底"、"追根寻源"，"爱智"即"爱思"，"爱想"。然而，希腊的科学式思想方式，把这种态度、精神本身也变成了一门学问，"爱智"成了一门"科学"—"哲学"。

"爱智"既成了一门学问，一门科学，那么这门学问、科学的"对象"何在？又用什么样的"方法"来"研究"这些"对象"？西方哲学告诉我们，那个"对象"就是那个"根"和"底"，而那个"方法"仍然是"概念"、"判断"、"推理"。用思想的、逻辑的概念、判断、推理来把 握那个（或那些）"根"和"底"，于是我们就有了许多的"哲学体系"：始基论、原子论、理念论、存在论、感觉论、经验论、唯物论、唯心论……，但讨论来讨论去，仍在讨论那个（些）"根"

和"底"，因为"根"和"底"不能像"日"、"月"、"山"、"川"那样从自然或社会中指证得出来，因而这个（些）"对象"本身始终是"问题"。西方哲学，从近代以来，就明确了一点："哲学"不是要研究那个（些）"根"和"底"吗？实际上，"根"和"底"是种"问题性"概念，用这些"概念"建构起来的学科，和其他的学科是很不同的，如果和其他学科一样对待，就会是"形而上学"，而不是真"科学"——有"科学"之"名"，无"科学"之"实"。有"名"无"实"的"科学"，就变得十分"抽象"、"空洞"。

我们要说，"美学"的"对象"，同样是在那个（些）"根"、"底"里的，在这个意义上，我们说"美学"是"哲学"的一个方面，或一个分支，甚至是一个部分。

当然，"美学"这个概念比起"哲学"来，似乎还要含混。"哲学"与"科学"相对应，在西方从古代希腊以来，被理解为"原（元）物理学"—"形而上学"，即它是研究广义的物理学（即自然科学）的"根"和"底"；对应地，"美学"也可以理解成研究"艺术"和"审美"现象的"根"和"底"，称作"原（元）艺术学"或"原（元）审美学"。在这之后，"美学"也可以理解为一门真正的"自然"和"社会""科学"，所以，我们可以正当地说"审美（艺术）心理学"和"审美（艺术）社会学"。

正因为如此，在这本书中，我们对"美学"这个概念，要作一个表面看来是人为的限定。既然我们已把"审美（艺术）心理学"和"审美（艺术）社会学"分出去作为专门的科学，那么这里所谓的"美学"，则基本上可以作"美的哲学"（关于美的哲学）或"艺术哲学"观。

这个学科上的划分，会出现一个不可回避而又很有趣的问题：把"审美心理学"、"审美社会学"等分出去以后，"审美的、美的（艺美的哲学术的）哲学"还有什么"事"可做？还有什么"问题"可想的？换句话说，"审美心理学"、"审美社会学"等为"审美（艺术）哲学""留下什么余地？这个问题，也正是当代现象学所谓的"现象学"的"剩余者"的问题。这个学派的创始人胡塞尔问：既然人们把一切经自然科学都"括了起来"，那么还有没有留下什么"事"当让现象学来做的？回答在胡塞尔那里是肯定的：现象学就是要做那一切经验的自然科学所做不了的"事"。自然科学，不论在多么广泛的意义上，并不可能把世上的"事"都瓜分完了，那个"根"和"底"始终仍是问题，迫使人继续思考下去。"哲学"不会无"事"可做。

"根"和"底"正是所谓"现象学的剩余者"，但却又不是一个抽象的概念，不是"想象"出来的"无限"、"绝对"、"大全"……。相反的，用概念建构起来的"科学世界"是抽象的，因为它是"理论"而把这个抽象的世界"括起来"以后，剩下的才是最真实实际的具体世界，才是这些抽象世界得以"生长"的"根"和"底"，因此，把象的概念世界"括起来"，也就是现象学的"还原"，即回到了"根"与"底"。

在这个问题上，胡塞尔的学生海德格尔有一个很好的发挥说，当今世界科学、技术的大发展，固然窒息了人的真正的"思想"，但却不可能取消"思想"；恰恰相反，科技越发展，似乎问题越多令人"不安"，越令人"思想"。

同样，美学的理论越精致，艺术的技巧越发展，审美的经验越积累，不但没有取消"美的、审美的、艺术的哲学"的地盘，相反，它提的"问题"则越多样，越尖锐，因而，做这门学问，"想"那些"问题"的人所要付出的劳动则越大，因而工作也就越有兴趣。"经验"的积累不能"平息""提问"，而只能"加重""提问"。

这样看来，我们现在所要研究的"美学"——即"美的、审美的，或艺术的哲学"是和物理、生物、化学甚至心理、社会这些学科很不相同的，这种不同，是带有根本性的，即不是小的方面——如物理和化学的具体对象和方法有所不同，而是大的方面的不同。这种不同，我们也许可以概括地说，即在于：物理、化学、生物……学科，都以主客体理论上的分立为特点，将自己研究的"对象"作为一个"客体"，或观察，或实验，以概念体系去把握其特征、规律，但"美学"和"哲学"则把自己的"对象"作为一个"活的世界"，即"主体"是在"客体"之中，而不是分立于客体之外来把握的。这在西方哲学的历史发展上，叫"思维与存在的同一性"，即"主体与客体的同一性"，这种思想方式，有些人叫做"非对象性思想方式"或"综合性思想方式"。

这种思想方式，就西方哲学的历史发展而言，当然是有渊源、有来历的，它一直可以追溯到古代希腊早期的巴门尼德，但"同一性"思想方式在现代重新被重视，对西方人的思想方式来说，又不能不说有一种突破传统的意义。因为西方哲学，自亚里士多德以来，把"诸存在的存在"——即那个"根"和"底"当成了一个客观的"对象"，"思考"、"研究"了两千多年，如今要使这种抽象概念式的"思考""活"起来，自然要一番破旧立新的工作，这个工作从康德、黑格尔算起，也有一个多世纪了，而按照胡塞尔的意思，这种不同于一般经验科学的思想方式，为"人文科学"所使用。

在这个意义上，"美学"属于"人文科学"。"人文科学"以"人"的"生活的世界"为研究、思考的"对象"。在这门学问中，"人"不是"纯粹的"、"思想的""主体"，不是西方传统哲学中的那个"我思"的"我"，而是活生生的"人"——胡塞尔的美的哲学"先验的"或"超越的""自我"，而不是笛卡尔、康德的逻辑的、纯思的知性

"自我";"世界"也不是与"自我"相对的纯"物质的""自然",而是"（人）生活的世界"。"我"是"在世界中"来研究、思考、理解"世界",而不是"在世界之外"、"与世界相对"来将"世界"作为"对象"使之概念体系化。"我""生活"在"世界"中,当然有种种"体验"和"经验","我"是有"知"的,不是无"知"的;这种"体验"或"经验"却不同于诸经验科学（如物理、化学、生物……）的"经验",这一点从上面的论述来说,是比较清楚的,因为只要指出它不是单纯的概念体系就明白了;这里需要着重指出的一点是:"人文科学"所要研究、思考的"经验"、"体验",比起其它科学所谓"经验"来,是更为基本的,即"人文"的"经验"是早于"科学"的"经验"的。

从根本上来说,"人"与"世界"的关系一方面并不是"纯物质"的,因为"人"不是"动物";另一方面,也不是"纯精神"的,因为"人"不是"精灵"、"神仙"。这样,"人"在能区分纯物质的实质关系和纯概念的精神关系之前,有一种更为基本的关系,而各种实质性（实证性）科学（物理、化学、生物……）和形式性科学（数学、逻辑……）正是在这个基本的经验上生长起来的。对这个基本的经验的研究和思考,就是胡塞尔说的"最纯净"而不杂、后来抽象概念科学的"严格的科学",即"人文科学";对这种基本的关系,或这种基本的存在方式的研究和思考,也就是海德格尔在《存在与时间》里所谓的"基本本体（存在）论"。

"哲学"不是要"寻根究源"吗？这个"基本的世界"就是"根",就是"源"。这个"根",这个"源",这个"基本的世界",不在"天上",而就在"人间";不是所谓的"超越的",而正是"经验的",是我们"生活的世界"。

"基本的世界"我们不妨叫它为"本源的世界",这个世界不是"无知"、"无识"的"野蛮"、"原始"的世界,因而不是"开天辟地"之前的"混沌"。在这个世界中,有着最为基本、最为纯净的"尺度"和"区分"。人无待于精密仪器的发明来区分事物的"轻"、"重"、"斤"、"两"、"钱"……出现之后,真正的"重"、"轻"却隐于科学度量和尺度之中。"命名"早于精确的科学知识,基本的世界需要基本的、本源的"知"、"经验",所以"命名"不是主观任意的,不是理论上的"主体""立法",而是"名""实"相符的。"人为万物之尺度"已开启西方科学性、主体性、工具性思想方式的先声,所以早期希腊的贤者们只能把"本源"、"始基"思考为"水"、"气"、"火"等等,是"万物"(之一,之中)和"世界"本身给我们(人)的"尺度"。

在这个生活的世界中,真、善、美的经验,并不像后来那样分成了哲学、道德、艺术、宗教等制度性、学理性的分立学科,但它们之间所显现出来的联系和区分,却是基本的,我们就是要从这种基本的联系和区分中来研究、思考有关"美"和"审美"、"艺术"的基本特征,以便弄清何以人们能确定地说"××是美的"以及在说"美"时的真实"意谓"。

然而,这个"生活的世界"是一个"活的世界",是要在"生活"中去"体验"的,而不能用一些"概念"、"范畴"——哪怕是"思辨的范畴"去"建构"一个"知识"体系来"传授",来"学"的,也不可能从古代或现代的"原始民族"那里"指证"出这种世界来,甚至不可能在"想象"中"画"出这个世界的蓝图。"生活的世界"不是"远在天边",不在古代,不在边远地区,也不是海市蜃楼,事实上就在你身边,就在"眼前",无非因"眼前"常为"过去"(所支配)、"未来"(所吸引)而"埋藏"、"掩盖"起来,感于声色货利,常隐而不显,一句话,常常被"遗忘"了。所以包括"美学"在内的"人文科学"的任务,不在于用一套现成的教条"灌输"给人,而在于"启发"人自身的觉醒,"回想"起那被埋藏,隐遁了的世界。

"人文科学"不叫人"修炼"那"无知"、"无识"状态,相反,是叫人真正地、认真地"有知"、"有识",叫人真正地、认真地"思"和"想"。人们常说,要"透过现象看本质","现象"越来越丰富,要"透过"去则越来越需要用很大的气力,而看出来的"本质"却仍是一些"问题",是一些无法一言以蔽之的问题,这就是"(有)问题"的"本质",或"本质(性)"的"问题"。

"生活的世界"的"道理",是"生活"和"世界"本身"教"出来的,不是某个"先生",某本"书""教"出来的,"生活的世界"本身就是一 本"教科书","生活"和"世界"都是"大书";既然是"书",当然也有"昕"、"说"、"读"、"讲"、"写"等等,"生活的世界"的确是可以"昕",可以"说",可以"讲"的世界,不是一个虚无缥缈的世界,也不是一 个"死寂"的世界。事实上,"生活"本身都在"昕"、"说"、"讲"……,但谁也不认为我们每天都在"教书"。"教书"的"讲",是文化发达 到一定时候的事,但之所以出现专门的"教员",正因为我们本已是每天在"昕"、"说"、"读"、"写"。"人文科学"是一门"生活的学问",是一门"活的学问",我写这本书,不是作为教员讲课,而是作为生活中的人来"讨论","讲"我对有关美、艺术的"想法"和"意见",因而"我"始终在"讨论""问题","我"的"意见"绝不是"结论",不是"封闭"的,而永远是"开放"的。如果说,"人文科学"也有自己的"方法",那么这就是"讨论"、"对话"。关于"美"和"艺术"的基本问题,也是如此。

我们知道,在"基本的经验"方面,在"生活的世界"中,真、善、美本是同一的,它们为异中之同,同中之异,只是在西方科学性思想方式发展下,才分立成"知识学"、"道德学"和"美学"。这种发展,在西方的思想史上,也是很不平衡的。如果说,古代希腊早期的"自然哲学"侧重于"知识论"的话,那么,苏格拉底可以看作不同于早期"道德训导"的"道德(哲)学"的创立者,亚里士多德建立了"艺术学",真正的"美学"的建立,则是很晚近的事。当然,古代没有严格意义上的"美学",不等于古人没有想过有关"美"、"艺术"的根本问题,正如中国传统文化中没有"美学"这门学问,也不等于中国人就不考虑有关的问题,所以,我们在讨论这些问题前,对西方"美学"和"美学"问题思考的历史作一点整理,是必要的。我们的目的是在着手思考这些问题时,总是要"听听""别人"(特别是哲学家,无论古代的还是现代的)是怎样"说"的。

二、美学在西方的历史发展

西方民族,是"哲学"的民族。一切"科学"当然都来自于生活,来自于"生活的世界",但就学科的形式言,在西方,"哲学"是"科学"之"原型",又是"科学"之"归宿"。一切"科学"莫不通过"哲学"之环节孳生出来,等到它发展、成熟之后,又莫不在"哲学"中找到自己的一定的位置,举凡物理学、数学、伦理学、心理学等等,莫不如此,艺术学亦不例外。

在古代希腊,西方的"哲学"最初是以侧重于物理学和侧重于数学两个大方面发展起来的,于是有伊奥尼亚学派和毕达哥拉斯学派。在这个早期阶段,希腊人的问题已经是哲学的,他们已经明确地提出了"始基"、"本源"的问题,但他们学说的形式,以及他们学说的具体内容,却是科学式的。他们说,"水"、"火"、"气"等这些"物质"或"质",就是万物的"始基"。毕达哥拉斯的学说,也具有这个特点,但他进一步提出了"数"作为万物的另一个始基,就使作为"始基"的"物质"不但具有"质"的稳定性,而且具有了"量"的规定性,具有了"规律"。早期毕达哥拉斯学派的这个特点,其实在赫拉克利特的学说中表现得很是清楚:万物为熊熊之"火",在一定"尺度"上燃烧,在一定"尺度"上熄灭,"尺度"即是"逻各斯"。物质世界这种质和量的同一,到巴门尼德则为"存在","尺度"、"逻各斯"本身不是"多",而是"一","一"不可再分,为最基本的"数",于是有"种子"说、"原子"说。这些都源于广义的"自然哲学"。

然而,亚里士多德不把毕达哥拉斯学派包括于"自然哲学"之内,说明了西方人自古不把"数学"当作"自然科学",而只认为是一种"形式科学"。的确,从"数"到"尺度"到"逻各斯"这一完善,正说明了西方人的一种内容和形式、质和量等相分立的思想方式,这种思想方式又必定要使"主体与客体、思维与存在相对立"这个基本特点日益明显起来。

按现代一些古典学家和一些哲学家的解释,希腊文"逻各斯"来自一个动词形式,最初有"采集"、"综合"、"分门别类整理"的意思,后来引申出"说"的意思来。希腊的智者学派已经对"语言"提出了许多有意思的看法,他们问,"说"是一种"声音",为什么能"代表""可见"之"物"?他们坚持,"可听的"不能代替"可见的"。我们看到,这个前提可以推出一些不同的结论,但有一点是明确的:"语言""表现"的不是"物",而是"思想"、"观念"。"语言"是"思想"、"观念"的表现。这样,希腊人一下子就越过了"语言",直接研究"思想"。这时,希腊的"哲学",也就由研究"万物",转向研究"思想",于是有苏格拉底、柏拉图的理念论,而作为"思想"的具体科学，则为由"逻各斯"演化来的"逻辑学"，这时已经到了亚里士多德的时代。

亚里士多德是西方哲学的真正的历史奠基者。如果说，在这之前，古代希腊人主要还是把"哲学"当成一些"问题"来探讨的话，到了亚里士多德，"哲学"就真的成了一门学科，有自己独特的对象、方法和体系——形而上学及其范畴论体系。

亚里士多德是一个百科全书式的学者，他的众多的著作，几乎同时奠定了西方"哲学"与"科学"两个大方面的基础。在"科学"方面，他的著作更几乎囊括了当时以及后来一个很长时期的一切科学，而有些学科本就是他自己建立起来的。在这个意义上我们也可以说亚里士多德是西方"哲学"、"科学"之父，也是西方民族自己独特的思想方式的最大的代表和培育者。

就在他众多的著作中，有一本流传下来的残本《诗学》，被认为是西方美学的开创性的著作，现在我们所能读到的，是他关于希腊"悲剧"的论述，据说还有"喜剧"的详细部分，但未保存下来。

当然，对于美和艺术的讨论并不始于亚里士多德。爱利亚学派的创始人克萨诺芬尼把"神"的"意象"与画上的形象相比，说明这些形象都是人创造出来的，颇有些无神论、唯物主义的意味。柏拉图有几个对话谈到"美"，特别是《饮宴篇》提出了"什么是美"大加讨论，被认为已很具美学意识。其实，那个时候固然已有了美学方面的问题，从"什么是美"的讨论中也可以看出苏格拉底已力求在"美"、"善"、"正义"这些概念中找出本质的区别，但当时主要还是在讨论哲学和逻辑问题，而不是专门的美学问题。《饮宴篇》结束时的那一句话"美是很难的"曾被误解为是科学上的一个论断，甚至是对"美学"的一种结论，但事实上只是借用了当时希腊的一个成语，其意思是"好事多磨"。这就是说，在早期，即使在思想已相当严密、精确的古代希腊，所谓"美"、"好"这类词在日常用语中，区分不是很严格的。这是一种生活的区分，而不是科学概念上的、定义上的区分。

"美学（的）"、"审美（的）"也都是由希腊文变化而来，但当时只是"感觉的"、"感性的"这类的意思，亚里士多德也没有用这个字来建立一门学问，"美"在古代希腊并没有成为一个专门学问的特殊对象和问题；但"艺术"却已成为一门专门的学问，《诗学》在亚里士多德那里，其地位大概像《动物学》《物理学》……一样。

《诗学》用的基本上是经验科学的方法。我们知道，古代希腊曾经是艺术活动很发达的国家，特别是雅典，在它的伯利克里黄金时代曾以它的艺术的光辉吸引过许多外邦人，而雅典的戏剧舞台可谓最为光彩夺目的。亚里士多德的《诗学》把当时的悲剧作了经验总结，经过分析、思考，提出了定义性的判断，回答了"什么是悲剧"这个问题，为后世立则，凡不符合者，则不免"不是悲剧"之讥。

亚里士多德这个残本《诗学》，显然与他的《形而上学》没有多大关系，但却一直被认为是"美学"之祖，至少他提出的"悲剧"概念，常为西方美学体系中的重要"范畴"之一，这除了西方人一贯的思想方式、科学分类的特点上的原因外，不能不说是有一些误解在里面。

这里应该提醒注意的是：亚里士多德的《形而上学》中没有"美学"的地位，其中原因，不能不作一些探讨。

亚里士多德的《形而上学》探讨了一个最为本质的存在，这一点使它与《物理学》等研究的对象区别了开来。这个"（诸）存在之存在"，是古代"始基"、"本源"的演化，是"逻各斯"的演化，也是巴门尼德的"一"的演化，亚里士多德叫做"第一性原则（理）"，哲学研究"第一性原则（理）"，这已成了哲学本身的"存在方式"，"哲学"本身的"本质"。为了把握这个"（诸）存在之存在"，把握这个"第一性原则（理）"，亚里士多德研究了诸种"范畴"，如"可能性"、"必然性"……，"哲学"就是这些"范畴"的体系。我们看到，亚里士多德的哲学虽然是"存在论"（或叫做"本体论"）的，但就范畴体系来看，却同时又是"知识论"（或叫做"认识论"）的。真、善、美，亚里士多德重点放在了"真"——知识论方面。

　　不错，就生活的本源性的世界言，真、善、美并无学科上或概念上的区分，这我们在谈到早期希腊"美的"与"好的"无严格区分时已可看得出来。但生活的世界仍有自身的区别，并非一片混沌，而这种我们叫做"基本的区分"的恰恰正是后来科学、概念、定义区分的基础。人原本并不是按照一个定义来叫某事物为"美"，相反，科学的"美"的"定义"却是从这种日常的称谓中，结合实际地提炼、概括出来的，而提炼出来的某种"定义"，又不是永远合适的，常要随生活的活的现实变化而改变。这个基本的道理，西方人在很长时间里竟是颠倒了的，这种颠倒，意味着他们在哲学中把认识论——关于"定义"的真理性提到第一性原则来考虑这一做法上。我们看到，古代希腊人尝试给"善"、"正义"、"美"下定义而不得结果之后，集中他们的才智来思考"真"的问题，即关于"万物"的真判断、真命题、真知识问题。至少"美"的问题被搁置了起来，这种情形一直到文艺复兴、启蒙主义兴起之后，才有较大的变化。

　　大家知道，"美学的"、"审美的"是由德国启蒙主义哲学家鲍姆加登引入哲学，并以此建立了哲学的一个分支——"美学"。"美学"在鲍姆加登那里是与"理性的知识"相对的"感性的知识"的意思。我们看到，鲍姆加登虽然建立了一门新的哲学学科，但他在运用"美学的"、"审美的"这个词时，仍然保留了"感性的"原意，这币用法，直到康德，仍然如此。然而，无论如何，这里应该指出的是从此以后，哲学就增加了一个重要的部分，即"美学"就可以从哲学的角度来进行"探本求源"的研究，而不仅仅是一般的"艺术"的经验理论的、概念式的总结。

在建立西方的美学体系方面，康德的作用是不能忽略的。虽然康德本身对艺术并无特别的兴趣和修养，他对自然美的称颂，也是纸上谈兵，因为他从未离开过他的家乡；但他的哲学的睿思，却使他相当深入地思考了许多美和艺术的基本问题，在西方，至今还不能绕过它们。康德所论各个重要的有关美和艺术问题，本书以后的论述当会有所涉及，这里我们要着重考虑的是他的"美学"在他整个哲学思想中的地位问题。

我们知道，康德有三大"批判"："理论理性""批判"是审核"知识"的条件，"实践理性""批判"是审核"道德"的条件，唯有"判断力""批判"虽有自身的问题和类似"知识"和"道德"的形式，但在身的结构上却与"知识"与"道德"不完全相同，它只是"理论理性"和"实践理性"相互关系的一种"调节"和"环节"。从这个意义上来说，康德即使在《判断力批判》中也并不把"美"、"崇高"、"艺术"包括在"形而上学"之中，而认为对于它们只是"批判"，而非"学说"，只是经过黑格尔，最后才进入"学说"—"形而上学"。在康德看来，"知识"是"纯感性的""世界"，"道德"是"纯理性的""世界"，而"艺术"和目的论意义上的"自然"，则是这两种"世界"的结合，因而这个"世界"不是"纯"的；在这里，我们看到，"纯"的"世界"是"理想"的，而恰恰"不纯"的"世界"才是"现实"的、实在的。我们生活的世界，既不仅仅是"科学的世界"，也不仅仅是"道德的世界"；"人"不仅仅是"知性的存在"——能作科学研究，也不仅仅是"理性的存在"——能摆脱一切经验、感觉而按道德律令行事，"人"还是"情感的存在"。人有七情六欲、喜怒哀乐。"世界"不仅给"人"提供吃喝的材料，也不仅展现为一些科研对象，而且也使"人""非功利"的"愉悦"。"自然"本身向"人"呈现一种"意义"（目的）。

康德的《判断力批判》分为两个部分：审美的部分和目的论部分，把这两个部分放在同一个"批判"之下是很有道理的，因为"美"、"艺术"、"自然"都向"人"显示着一种并非"知识"、"科学"所能囊括得了的"意义"，然而因为康德用了一个"目的论"来概括这种"意义"，就显得陈旧而不为人重视。事实上，后来德国浪漫主义正是从这里出发，把整个"自然"看作一个"大作品"，因而"美"和"艺术"就和"人"的"全面发展的个性"联系了起来，成为整个哲学思想的基础和核心。"美的世界"、"艺术的世界"就是人的生活的"基础性的世界"，是"科学"、"道德"，"感性"、"理性"相"和谐"、"同一"的世界。这正是谢林的"同一哲学"、"绝对哲学"的基本思想。这样，我们可以说，整个德国古典哲学是从"同一性"、"绝对性"的角度来看"美"、"艺术"，而"美"的"世界"、"艺术"的"世界"正是那个"基本的"、"本源的""世界"，亦即他们所谓的"绝对的""世界"。"绝对"为"无对"，即"主体"与"客体"不相"对"，因而是一种"同一"。西方人的这个思路，到了黑格尔那里达到了历史的高峰，但他却又把一个活生生的"基础性世界"，变成了"纯思想性的世界"。这并不是黑格尔本人的某些"过错"，而是西方传统哲学思想美的哲学所很难避免的结果。

我们说过，"基本的世界"并非混沌一片，而是也有其自身的区别的，只是这种区分并不是"知性独断的"、"科学概念式的""定义性"

的"对象",而是"辩证的"、"活"的"同"中之"异"。于是,在黑格尔的"绝对的世界"(即"基础性的"、"主体和客体不僵硬对立的"世界)里,也分出了三个层次:艺术、宗教和哲学,"艺术"处于"绝对理念"的最低层,也是最基础的层次。

在这里,黑格尔的思路可以理解为:"绝对"为"无对",真正"无对"为"理念",即"大全"、"世界作一整体"、"神"……,而人、手、足刀、尺等等都是"有对"的。然而,"绝对"又不是"混沌","理念"只是一个"思想",没有一个与"理念"相"对"的"物质"(世界),但"理念"("全"、"神"等)却是"思想"与"思想"相"对","思想"自身"相对","思想"以自身为"对象",所以说为"绝对"。从这个思路发展出来,"艺术"(以及"宗教")都含有"非思想"的"对象",因而不是"最纯净的",只有"哲学",绝无"非思想"之"对象"存身之处,才是"绝对"的最"纯"的形态。推崇"纯概念"、"纯精神"的"思想体系",这是西方文化固有的传统,这个传统在黑格尔那里达到了古典的高峰,于是很自然地成为后来反传统的勇士们的攻击目标。

批评者们认为黑格尔的"绝对"太概念化、思想化了,"同一性"原则不能仅仅理解为"思想自身"的同一,因此绝大多数批评者们都要把黑格尔的"绝对"改造成更为"现实"的东西。其中对当代西方影响最大的为胡塞尔。

胡塞尔没有专门研究美和艺术,但他在当代西方所建立的现象学原则,对美学有很重要的意义,因为他的"生活的世界"既保了黑格尔的主体、客体同一的意思,又努力避免了黑格尔的"绝对"抽象性和概念性。胡塞尔(生活)现象学改造黑格尔"精神现象学"的一条重要途径是:将古典哲学的"理念"观念扩大,使之不限于"大全"、"神"这类最高的概念上，而实实在在地承认：我们面对的这个现实的世界，就是"理念的世界"，不但"神"是"理念"，人、手、足、刀、尺等等都是一个个的"理念"，"生活的世界"里的一切区别，之所以不同于"科学概念"、"定义式"的"区别"，正在于它是一种"理念式的区别"。于是，胡塞尔的"生活的世界"就不必像黑格尔的"绝对世界"那样复杂，要经过艰苦的"辩证"发展过程才能"达到"，而是最为"直接"，不借任何外在手段、符号，我们每天睁眼看到的世界。

胡塞尔没有说他的"生活的世界"是"艺术的世界"，但这个世界却是"直接的"，是将"本质"和"意义"直接呈现于"人"面前，是"本质的直觉"，"理智的直观"，这已为他的学生海德格尔将"诗意"引入这个"生活的世界"提供了条件；而我们在康德《判断力批判》中已经可以看到后来这些思想的"秘密"所在。

海德格尔是当今欧洲大陆最有影响的思想家之一，也是突破欧洲思想传统的最强有力的人物之一。他在哲学领域里所做的工作主要是将尖锐反对黑格尔"绝对哲学"的基尔克特的"实存"（Ex-istenz）观念引进胡塞尔的现象学，从而得出了许多非常重要的结论，其中对我们本书最为主要的是他把思、史和诗统一了起来，使人的"世界"变得丰富起来。

应该承认，本书以后的论述，常常要和从胡塞尔、海德格尔以来的现象学作一些讨论和辩驳，同时也会涉及到最近20年来法国一些人对胡塞尔，特别是海德格尔的研究、运用和批评，这样，我们对西方美学的简述，已进入最为晚近的阶段了。

三、中国传统审美观念的一些特点

中国的文化和西方的文化在传统上是很不相同的。从传统上来说，中国没有"哲学"这门学问，也没有"美学"这门学问，但这不等于说，中国传统上没有"哲学"和"美学"问题。中国人有中国人提问题的方式，以及讨论、组织问题的方式，但其为问题则一。其实，不仅中国文化与西方文化不同，阿拉伯文化、印度文化……也都和西方文化不同，而各种文化之所以不同而又能"交流"者，在于大家都有一些根本的问题。小问题可以不同，但大问题却是共同的，大家都要"刨根问底"，都在探索"宇宙之奥秘"、"人生之真谛"等等，你叫做"世界的本质"、"始基"、"第一性原则"……，我叫做"本"、"真"、"仁"、"义"、"道"、"德"……，或者还有无以名之的，但就问题而言，却是相同的。这样，才能解释为什么古时候为"封闭"（或叫"原创"）的各种文化类型，如今"开放"出来，却可以相互"交往"、"交流"，相互"吸收"，也相互"争论"。这一点先要明确，然后才可能讲各种文化之特点。

从我们简述西方美学中可以看出，西方对"本质的世界"、"本源的世界"的理解，有真、善、美几个方面，有"思"，有"诗"，但"史"这个度，却是很晚才出现的。黑格尔首先把"历史"引进"思想"，而海德格尔才把"历史"引进了"存在"；但中国人从"生活的世界"所体会出来的首先是"史"这个度，"真"、"善"、"美"都在"史"中。

"史"是有思想、有意识的"人"做的"事"，"事"是客观的，又是主观的；是人为的，又是自然的，"史"和"事"都是"活"的，是"正在进行"的，是"未完成的"，而不是西方传统意义上的"完成了"、"做成了"的"事实"。从字源来说，西方文字的"事实"（fact）

亦来自动词，由拉丁文动词facio变化而成，而中文的"事"，亦可用作动词，作"做"讲。所以在根本上，中西方的思路是一样的。但在演化成名词后，西方的"事实"就成了一个客观的对象，是不随人的意志而转移的，而它的动词的原意，则常要等一些哲学家和语言学家来提醒，才记得起来；但中文的"事"始终与"史"没有分家，从语音和字形上都可以清楚地看出来。这样，"事"始终保持着"人为的""历史的"、"时间的"这种原始的意思。在许多层次上中文的"事"不能与西方的"事实"相通，如"太平无事"，不能说成"太平无事实"。这其中的区别在于：西方的"事实"，不能作"问题"解，而中文的"事"则是开放的，永远具有"问题"的性质。"事"即"问题"，"有事"，即"有问题"，反过来，"有问题"，也就是"有事"。

"问题"本是"客观的"，但要人去"发现"。没有"思想"，不去"（思）想"，当然不会有"问题"，"问题"是"客观"对"思想"呈现出来的。在这个意义上，也可以说，"问题"是"想"出来的，所以平时我们也说，"不动脑筋"，就不会"发现""问题"，而问题也是"制造，（做）出来的，"问题"与"事"不可分，同样，"思想"与"事"也不可分，"思想"与"历史"不可分。中国传统文化中没有抽象的"思想"，也没有坚硬的"事实"，所以也没有以坚硬的概念体系的"思想"来对待（整理）坚硬"事实"的抽象"科学"，更没有以"思想"自身为对象的抽象"哲学"。

从这个基本区别，可以引申出关于中西文化同异的一些有趣的观念，在这里，我们想指出的重要的一点是：西方文化重语言、重说；中国文化重文字、重写。

前面说过，西方文化从古代希腊开始，一下子越过"语言"直接研究"思想"，直到19世纪末、20世纪初才有所谓"语言的转向"。"语言"比"思想"具体得多,但仍被看成是"思想"的"直接表达","语言"和"声音"好像是"透明的",直接把"思想"的"意义"表达出来,而"写"只不过是"语言"的"记录",是附属的。"说"是"第一性"的"源","写"是第二性的"流";"读""写"出来的"书",就是要"透过"("破除")"写"的障碍去体会"书"中"说"的"意思"。在这个意义下,西方的文化则被理解为思想性的文化,西方的历史也成了思想的历史,是"意义"的历史。这个传统,现在为法国的一些激进的哲学家所批评,认为事实上并没有纯粹的、抽象的"意义",历史也并非"意义"的逻辑的、承前启后的"线"性发展史。这是西方最近从海德格尔"历史性的思想"发展出来对西方文化传统的进一步的突破的结果。

中国文化历来重视"写",当然也并不偏废"说",所以中国文化不仅有"语言学"传统,而且有"文字学"传统,而"文字学"在西方则是很晚近的事。就传统言,中国甚至没有西方那种严格意义下的"语言学",而是一种"字学"。"字"分"形"、"声"、"意"。"声"为"音韵学","意"为"训诂学","形"则是严格意义上的"文字学",而"形"、"声"、"意"都统一于"字"中。

在这个意义上,我们不妨说,中国文化在其深层结构上是以"字学"(Science of Words)为核心的。之所以说是"深层"的,是因为"字学"似乎是中国一切传统学问的基础,中国传统式的学者,无论治经、治史、治诗,总要在"字学"上下一番工夫,才能真正站得住脚。

"字"是"写"出来的,不是"说"出来的,中国人只说"写字",不说"说字","说"是日常的,人人都会的,"写"才是文化的,"识字"是"识""写出"来的"字",不是"听"出来的"字","读音"也是"字"的"读音"。

中国是"铭刻"的国家。古代的"书"，不但写、刻在竹简上，而且刻在石头上，或藏诸深山，或立于通衢。比起中国古代的碑铭石刻，古代希腊的铭刻真是可以忽略不计了。他们的书写在不易长久保存的"纸草"上，并非他们真的不知道刻在石头上可传诸久远，实在是因为他们总觉得"说"（对话）比"写"重要得多，而不甚在意"写"的缘故。也正是这个缘故，中国发展出了一门很特殊的艺术——书法艺术，而古代希腊虽有"书写美观（法）"（calligraphy）的说法，后来曾有一段时间也很讲究书写技巧，但终未成一门真正的艺术。

中国的学问离不开"字"，"考据"就是根据"字"的"形"、"声"关系，"考证""字"的"原意"，以求古人（一个虚拟的"人"）在"造字"和"用（此）字"时的"基本意义"。这个"意义"是基本的，也是历史的，所以要"考"，所以中国的学问不是"知识考古学"（福柯），而是"字的考古学"，是"考'字'学"。"字"才是真正的"原级性"（Positivity）的。

于是，人们为弄清美学的基本范畴——"美"的含义，就也要作一番"考据"，以助研究。

"美"一般按《说文》理解为"羊""大"为"美"。这个解释当然有它的道理，不应轻易否定，因为与"美"相应的"丽"字，就与"鹿"有关。但近来不少人对"羊大为美"的说法提出异议，认为"美"按甲骨文、金文的字形，应释为"饰羽毛"的"人"，而与"羊"没有关系，这个说法有一个佐证是："美"、"每"同音，"美""母"则声母亦近，因而可以进一步确定为"饰羽毛"的"舞女"，这是以音韵、文字来训诂也还是有些道理的。把"美"的联想从"羊"转为"人"，似乎更易受到欢迎，而"美"、"丽"皆为"阴性"，虽有"美男子"、

"美髯公"之称，但"美人"、"丽人"却一定是女性，这似乎也保存了远古造字的意义。不仅如此，在理论上，把"美"释为"羽饰舞女"还突出了"装饰"的意思，不像"羊大为美"未免过于功利。

"装饰"表面上看是一种"附属物"，但却是人才发达起来，特：的一种活动，"装饰"与"娱乐"、"游戏"、"技艺"同为人的"存在方式"，对于"自然"来说，好像是"附加"上去的。其实，说穿了，人的一切活动（包括科学、技术、艺术、宗教……），对"自然"来说，都是"附加"上去的"附属品"，但对"人"来说，却是最重要的、最本质的所以是"本质的""附属品"。

在中国传统中，"字"不仅是概念的符号，写出来的"字"就是"文"，"文"、"字"不可分，而"文"即"饰"，即"装饰"。"文"是广义的"字"，"字"为核心的"文"。"写"与"刻"、"划"、"画"同源，在这个意义上，也正是在这个意义上，可以说"书画同源"。所以，以"字学"为基础核心的中国传统文化，也可以称作广义的"文学"。

"文化"这个词在西方来自拉丁文"耕作"，在中国则为"人文化成"。使世界和百姓"文化"即"美化"、"装饰化"、"字化"，所谓"装点江山"。"文化"之基础在"识字"，所谓"识文断字"；"识字"为了"读书"，所谓"知书识理"。"文化""人"不但要识得狭义的"字"，读得了狭义的"书"，而且能读得了"生活"、"世界"、"历史"这本"大书"，"大书"无"字"但处处都有"字"，"博古通今"，是为"文化"之上乘。

在中国文化中，"古"、"今"是相通的，但并不是悬设一个永恒第一部分引言——美学与哲学的、抽象的、概念的"本质"或"精神"将它们贯通起来，因而"人"不是从一个"无"的、"自由"的纯粹"我思"的立场来作"创始者"。"前无古人"、"后无来者"只是在一定条件下诗人的想象，事实上"人"都是"继承者"，就连开国之君总还要以继圣王之业为己任，把前朝帝王加封一些称号，以承"大统"。"天"、"地"、"君"、"亲"、"师"，如果实在没有什么可以"承继"的，则还有"天"、"地"在指引我们，以"造化"为"师"。"通古今之变"这个"变"，不是"无中生有"，而是"生生相息"。就连道家的"无"，也是"名分"问题，"无名"而"朴"，"朴"并非真"无"，而是真"有"，为有名之万有之母。"母"当非"无"，而为"有"。

　　中国文字，有象形之因素，以鸟兽虫迹为本，变化出来，亦非"无中生有"，不像欧洲标音文字，"形"只是"音"之"符号"或"代表"，自身并无"意义"，而"音"又被理解为"思想"、"精神"的直接表现，"思想"、"精神"本"无"，故西方的标音文字也容易被误解为"无中生有"。中国文字本身就来自自然。"说"似乎在"说"似乎在说自己"的（独创的）"意思"，但"写"总要"依据"些什么，永远在前人的基础上"重写"、"改写"。在中国人的眼里，山山水水本就是有"字"的，"重写"、"改写"则是"装点江山"，使其"更""好看"。于是"写"，不管是"写""诗"，"写""经"，"写""律令"……，都叫"写""文章"，"文章"是为"华饰"；无论写何种体裁，都离不开"历史"，都在"写""历史"，连修桥、铺路，建筑高楼大厦，也叫"谱写历史新篇章"。这样，一切锦绣文章，无不统摄于"历史"之中，"历史"为文章之最，华饰之尤，凡欲作"文化人"、"有教养者"，必须对"历史"有足够的意识。"思"、"史"、"诗"统一于"史"。"思"不是单纯的概念，"诗"不是"概念"的一种特殊的形式——形象的形式，"诗"为"思无邪"，"无邪"为合"史"。"思"为"史"之"思"，"思"之"史"；"诗"为"史"之"诗"、"诗"之"史"。"历史"让我们（令我们）"思想"，我们"思想"的是"历史"，吟诵的也是"历史"。

这样，文字之学虽曾被斥为"雕虫小技"，但始终在中国传统文化中占有基础性地位，日积月累，终于在清代的"小学"中达到历史的高峰。"小学"自称"小技"，但"微言大义"，"小技"中亦有"本"、"真"、"源头"在。

从这个意义出发，也许我们可以说：在西方，"诗"是"思"的一种形式；而在中国，"思"和"诗"都是"史"的一种形式，所"思"、所"忆"、所"吟"、所"诵"，归根结底都是"史"，都是"事"。西方的美学是哲学性的，中国的审美观念是历史性的。

中国传统的这种文化观、审美观本身，自然也有其历史的发展过程。中国古代文化奠基时代，有"儒"、"墨"、"道"三家，而尤以"儒家"影响最大。

"儒"本是"文学之士"，"郁郁乎文哉，吾从周"，"历史"与"文学"已然统一了起来。"文"有诗、书、礼、乐，"诗言是其志也，书言是其事也，礼言是其行也，乐言是其和也，春秋言是其微也"（荀子《儒教》），直至两汉，"文学"、"文章"还可泛指一切学术文化。

墨家反对"虚饰"，道家崇尚"自然"，都与儒家相对，故墨家有"非乐"之论，道家以"道德"反对"仁义"，似比儒家更注重"本源"，而反对"人为"；事实上，儒家亦未忽视"本（源）"，而于"本"、"末"有自己的理解，即儒家之"本"、"末"都在生活、社会、人文之中，而不强调超"人文"、超"生活"之"自然"。这样，我们注意到，在早期儒家对"文"（写）和"言"（说）是有"本""末"、轻重之分的。说来有趣，在早期儒家思想中，"文"大大重于"言"。"文"为"文化"，"人文化成"，是周公的典范，而"言"则常常受到批评，什么"天何言哉"，"巧言令色"，都是孔子说的批评的话，"言"与"辞"通，因"辞"害"意"，则更是文人的大忌。

　　"文"又与"藝"通，"藝"始指农事稼穑之技。"写"，"划道道"、"种田地"，"衍"也是使禾术生长有所规范，本是人的一种活动。"说"可以随意，但种地却不能乱来，要秉承天地之引导，只有以"文"的角度来看"言"，才能体会出"说"也有所本，不能乱来。这是早期儒家关于"文"的基本想法。

　　儒家重"人文"，讲"人文化成"；道家重"天然"，讲"自然天放"，对中国传统艺术、审美思想影响都是主导性的。但无论"人文"、"天然"，就传统而言，都没有"纯思"这个基本的度，因而没有"哲学"——以"思想"自身为"对象"这种"科学"。道家反对"人伪"，主张"绝圣弃智"，取消"仁"、"义"、"名分"诸种框框，在"破"的方面，很有些劲头，颇有点胡塞尔把一切"（自然）经验""括起来"的气概，但古代道家没有进一步问："括起来"以后，还为"人""剩下"什么？道家的心目中，取消一切"人伪"，剩下的为"自然"、"天成"，大家都返"朴"、归"真"，"人"就成了"绝智"、"绝识"，"无知"、"无识"的"鸟（禽）兽"，"人"没有了，故道家的思想归于"无"，不是说马、牛、羊没有了，而是"人"（伪）没有了。"无"为"无伪"、"无名"、"无为"，而因其"无"，才"有"，"有""自然"、"天成"。马、牛、羊"摆脱"了"人"（为）的"控制"，才真的是马、牛、羊。这样，道家的"去伪存真"，这个"真"，不是"真人"，如果硬要说是"真人"，则也"皈依了""自然"的"人"，与"鸟兽""游"，与"万物""齐"。道家言"道"、"德"、"性"，"万物"皆有自己的"德"、"性"，而唯有"人"没有自己的"德"和"性"，故有"天道"而无"人道"，有"天性"（"人"只有"天性"），而无"人性"。"人"失去了"自己"，故"齐""生"、"死"，在这里，海德格尔的"Dasein"的一切本源之度（"历史性"、"死"、"烦"等）统统没有了意义。

　　由此我们看到，中西思想固然有许多相通的地方，但从精神实质上说，是不很相同的。儒家讲"人伦"，讲"历史"，归于"圣王之道"，以天下为己任，行事、立功，"事"、"功"皆可以"文"视之。圣人之事功，为世界增加光彩，所以圣人在事功之余，不废"文章"，寓事功于道德文章中，诗书礼乐皆为"人伦"服务，"艺"、"诗"就逐渐地不在那本源性的"度"里，只是派生的了；道家根本取消了"人"的"度"，一切归于"天放"，"人""生"天地之间，如同飞鸟遨游于太空，"艺术"、"审美"的态度，反倒成为基本的态度，所以从中国实际的历史看，道家对中国艺术的影响同样是很大的，或反因其放弃"事"、"功"倒更加重了"无功利"之审美、艺术态度。于是，以"生活""人伦"制"艺术"，和以"艺术"人"生活"，又成为中国艺术上的两种不同的倾向。

　　然而，无论如何，就中国传统文化的实际来说，在"思"、"史"、"诗"这些基本的度中，儒家重"史"的度，道家重"诗"的度，但"思"这个度，在古代却没有得到充分的发展。当然，古代墨家可说是相当重视"思"这个度的，他们在探讨工具性"逻辑"（名理）以及技术性思辨方面，达到了古代历史的高度，但不是像古代希腊那样以"哲学"、"纯思"为依归，因而未能使"思"这个度有较长足的发展。此种思想方式之结果，亦影响"史"和"诗"自身在理解方面的特点，从而形成中国特有的"史论"和"诗论"风格：不是以纯逻辑、纯理论的方式来"规范"、"系统化"、"体系化""史"、"诗"，而是以"史"观"史"，以"诗"品"诗"。中国之"史论"亦是"史"，中国之"诗论"亦是"诗"。我们将会看到，这种思想方式，对纠正西方将一切都"理论化"、"概念化"、"科学化"的偏颇，自然有一种参考的价值，但究其根源说，也许竟起源于儒家之祖先崇拜和道家之自然崇拜，而两家又都归于"天人合一"，只是在对"天"的理解上各有不同，而将"人"自身之特点——"思"，化于"天"、"地"之间。中国传统文化自先秦以后，虽亦变化多端、姿态万千，但儒家"史"的精神和道家"诗"的精神笼罩了数千年，直至晚近在西方文化之冲击之下才受到震荡。

第二部分　人及其世界——"人诗意地存在着"

　　哲学的基本问题，在于思维与存在的关系，主体与客体的关系。我们这里，把这个问题叫做人及其世界的关系。"人"和"世界"可以有许多的关系，大体说来，无非物质的关系和精神的关系两种，西方哲学的传统，是要在这两种关系中作出一种判断，决定何者为第一性的、本原的，何者为第二性、派生的，按照对这个问题的不同回答，分为唯物主义和唯心主义两大阵营。对哲学这个基本问题的明确的概括，是18～19世纪德国古典哲学的贡献。这种概括，的确揭示了"哲学"作为一种特殊的科学思想方式所不可回避的问题，概括了西方哲学作为一门科学的历史发展的实际情况。

　　当然，哲学所提出的这一问题，其历史内容是很复杂的。"物质"和"精神"之间有许多复杂的转化关系，只有在科学性、概念性的分析中，它们才可能是精确的。这就是说，这种关系，是在把"哲学"作为一门"科学"的意义下，才是"准确的"，"物质"与"精神"的对立才有严格的科学意义，所以，恩格斯说，这种对立，只有在回答谁是第一性这样一个哲学基本问题时，才有意义。主体客体、思维存在、精神物质这种分立本是科学性思想方式的一个结果，因而对建立一门科学——哲学来说，是重要的、基本的；然而活生生的人，并不是严格意义上的"科学家"，不是无时无刻都在作科学研究，因此，这种分立式的态度，就不能完全涵盖生活中人的更一般的、日常的特点，因而从这种分立的立场来考虑第一陛问题，对"哲学"作为一门科学言，是基本的，但对活生生的人来说，对具体生活中的具体问题来说，又不是可以随便套用的。我们知道，"人"在作为一个"科学家"，作为一个"概念、判断、推理"的应用者提出"哲学"问题之前，已经生活着、工作着、思想着、娱乐着，如何理解这种生活的关系，对活生生的人来说，才是真正基本的。马克思、恩格斯曾经说过，人在研究哲学之前，要吃，要喝，要有衣食住行的实际活动，这是千真万确的。我们还可以引申一步，人在研究哲学等等之前，不但要吃、要喝，而且这种吃、喝已不同于动物，已是有知、有识的活动，于是，现在成问题的是：在理论上研究哲学之前，人如何"思"，如何"想"？如何理解"没有哲学"的"思"？"没有哲学"是指"没有抽象概念系统"或"不想建立一个抽象概念系统"、"不是做学问"，不是"做学问"而"想""问题"，这正是日常人人都会、都能、都有资格而总是在做的事，因而是最基本的事。从这个意义我们也可以进一步说，"不是哲学家"的"思"比"哲学家"的"思"更基本，"不是艺术家"的"诗"比"艺术家"的"诗"更基本。"哲学史"已经教导我们许多"哲学家"的"学说"，"艺术史"已经教导我们许多"艺术家"的"作品"，西方的"哲学史"只是"哲学家的思想史"，西方的"艺术史"只是"艺术家的艺术史"，而我们这里所要理解的是那个更为基本的"诗"和"思"，是真正的"思"之"史"、"史"之"思"，也是真正的"诗"之"史"，"史"之"诗"。

一、如何理解我们生活的世界

"世界是物质的"，这是一条最为基本的真理，但它需要进一步的阐述和展开。

"世界是物质的"基于精神与物质的分立，没有这种在思想态度上的分立，这个论断就难理解。"世界是物质的"意味着"世界不是精神的"，这就是哲学的基本问题，即第一性、第二性的问题。

"世界是物质的"并不意味着"人是精神的"，因而是一元论，不是二元论。然而，"世界是物质的"、"人也是物质的"，并不意味着"人"与"世界"混沌一片。不仅"人"与"世界"是有区别的，"人"面对的"世界"本身也是有区别的；我们所谓的"世界"，是"人的世界"，不是"动物的世界"。"世界"对"人"和"动物"来说，都是"物质"的，这一点是不能含糊的；但它们之间的关系却是有不同的。

不错，人和动物一样，首先要吃要喝，要和世界作一种物质性、感觉性的交换，这是毫无疑问的；但动物吃它们喜欢或能够吃的，而人却吃"瓜"、"果"、"梨"、"桃"、"黍"、"稷"、"谷"、"麦"……，动物喝"流体"，人却喝"水"、"酒"、"浆"、"汁"……。当然，人不是吃"水果"的概念，也不能喝"水"的概念，叫什么"名字"不是最基本的。但吃喝的却是那些"东西"，却也并不含糊。所以尽管那些水果的名字各国、各处叫法可以很不相同，但对它们的"认同"却一般并无异议。

"物质的世界"为我们人的包括吃喝在内的生活提供了一个实在的基础，天地供养着我们，天地、世界对我们是可吃、可喝、可以利用的，有山，有水，有瓜、果、梨、桃……，我们"有"一个世界。有天有地，也就有了我们，这样，我们与世界的最初表现出来的关系，是"有"的关系，是"存在"的关系。世界"在"那儿，它可以为我（们）所"用"，因而"世界"又是"我（们）的世界"，于是，"世界"是"自为的"，又是"为我（们）的"。"有"、"存在"都既是"自在"、"自为"的，又是"为我（们）"的。

只有"人"才"有"一个"世界"，动物混同于世界之中，所以"有"是人与"世界"的一个最为基础性的关系，"有"与"无"是我们生活世界里的最基本的、基础性的区别，最本源性的、原始的"度"。我们生活的世界不是一片混沌，而是有"度"的，有区别的，这个"度"并不是人为了掌握世界任意制造的，不仅是主体性的尺度，而同时也是客体性的尺度，是存在性的尺度。"人为万物的尺度"，而"万物同时也为人的尺度"。"有"必有其反面"无"。"有"并不是我"想""有"就"有"，而是世界使我能"有"，因此"度"本是世界向我们提供的，就像世界向我们提供五谷杂粮一样，"世界"、"物质的世界"，不仅是"我（们）"的"物质的"基础，同时也是"我（们）"的"精神的"基础。原始的"度"，就是这种最为基本的"物质"与"精神"的"同一性"。

从物质上言，世界为"万有"，本无"无"。"度"、"区别"将"无"带给了"世界"，原始的区别，为"有"、"无"的区别。于是"世界"为"万有"，而"人"似为"无"。"赤条条来去无牵挂"，"本一无所有"，"生不带来，死不带去"，这是平常人体会得出来的基本道理，虽为贵胄，也不免为这种思想所萦绕。"人"使"世界"成为"有"，却使自己成为"无"。"无"并非物质上不存在，而"无""有"，人本是一无所"有"，是人的工作、生活、活动，使自己"有"一个"世界"。所以，人的一切文化，似乎都是"从无到有"、"白手起家"；同时却又都是以"有"产生出来的，是天地提供的。

　　这样，我们看到，我们生活的世界，不仅仅是一个在理论上具有无限可能性的物质的世界，而且还是一个具体的、历史的现实世界。"有"都是具体的，不可能是抽象的。我们不能真的"有"一个"无限"，因而我们的"世界"都是历史的、有限的，即有疆界的人间世界，不是想象中广阔无垠的"天国"。但"人"使自己"无"、因而人使世界成为"有"的过程，又是不可遏止的，不可批评为"贪欲"而加以阻挠的，这样，"世界"又是"开放"的，即"有"本身应是"无限"的，而"使之成为有"的努力则成为一种美德。这个基本的"有"，并不是工具性的"占有"。工具性的"占有"只是各种关系中的一种关系，而基本的"有"则是一种基本的关系。我们说"我有一个老师"和"我有一件大衣"这两个"有"其意义是很不相同的。基本的"有"，孕育了一切伦理、道德、审美、艺术、科学、技术以及各种物质占有方面的全部专业性关系。

　　这里当然涉及到"人"与"人"和"人"与"物"关系之不同，但主奴关系本是社会发展到一定阶段的产物，事实上"人"对"物"的主奴关系也是一定社会阶段、科技统治的意识形态。"人"与"物"的著也不是主奴关系，"人""改变"着"物"，"物"也"改变"着"人"，本是相互的、对等的、平等的。"世界"不是坚硬的、封闭的，但也不是"百依百顺"的，人可以改造世界，但必须按照一定的尺度来改造它，人心中的"度"，原是"世界""教"给我们的，所谓"师法自然"、"师法造化"，都不是主体的任意性。所以这个"有"，就是"存在"，"人"与"世界"同在，"人""改变"着"世界"，"世界"也"改变"着"人"。这就是我们所生活的世界，是我们无时无刻不生活在其中、与之"打交道"（交往）的"世界"，它既不是我的"主人"，也不是我的"奴隶"，而是我的"邻居"，这是海德格尔比喻式的语言，意在打破一种主奴关系。

海德格尔又说,"我在世界中",这意思是说,"我不在世界之外",不是冷眼旁观这个世界。当然,我们不妨在一定条件下采取冷眼旁观的态度,但我们的基本态度不是冷静的旁观者,而是"设身处地"的。"在世界中"来"看"这个"世界","世界"就不是静观的"对象",而是"交往"的一个"环节"。

"世界"不是一个"对象",这个看法在黑格尔那里已经有了。在黑格尔看来,"世界"作为一个"全"、作为一个"整体",不是一般的"自然",也不是一般的"社会",而是"绝对"、"无限",是一个"理念",因而实际上"世界"展现了"精神"自身的特性,因为只有"精神"才是"绝对"、"无限"的。"绝对"为"无对",为"超越""对象",是"精神"自己观照自己。"哲学"、"宗教"和"艺术"都是"精神"自己观照自己的一种方式。

然而,"世界"并非理性的"无限"、"理念",而是实在的、现实的,虽是开放但却仍是具体、有限的,它展现给人的不是"精神"性的"意义"、"价值"原则,但却也不是僵硬的"对象",只提供人以"表象"(Vorstellung,representation)。黑格尔对"表象性思想方式"的批判在这里仍不可忽视。"表象性思想方式"即"对象性思想方式",把"世界"仅仅当作一个"对象"来看。"世界"之所以不能当作单纯的"对象"看,并不是因为"世界"为"无限"而不能"对象化",从而"哲学"需要一种"非对象性"、"非表象性"的思想方式,而恰恰相反,那种"无限的""世界"、"绝对的""世界"正是"科学性"、"对象是"纯精神性"的,而是具体的、实际的。"意义"和"价值"并不是"人"外加于"世界"的,不是在"世界"之"上"或之"内",看出了一种非"世界"的、"精神"的(或叫"人的本质"的)"意义"被"对象化"了;"世界"

的意义是"世界"本身所具有的，是"世界"本身向人显现出来的。"万物静观皆自得"，这里的"静观"不是概念的、对象性的，而是审美的、非对象性的，但"自得"乃"万物"自身秉承自身的"德"（得）性，而不是见到了"人性"。花之红与花之美确实不同，但不必非将"花之美"比附于"美女"，或想象为"美女"之"对象化"。"花之美"就在"花之红"中，只是"花之红"只向"人"显现为"美"。"美"并非"人""赠"与"世界"的某种"属性"，相反，"美"却是"世界""赠"与"人"的一种"礼物"，只是"红粉赠佳人"，"宝剑赠烈士"，"美"只"赠与"配欣赏它的"人"。马克思说，音乐对于非音乐的耳朵毫无意义，音乐只对"知音"展现其意义。所以，审美的世界，是一个基本的经验的世界，是有知的、有教养的经验世界，但却与主体是不可完全分立的。

"美"不是一个"对象"，不是"对象性的属性"，用自然科学、经验科学的方法。分析—分离"不出"美"的特性来，这一点，"花之美"和"花之红"是不同的。但"花是美的"之所以可以采取与"花是红的"同样的判断形式，大有让人人都同意的趋势，其根源并不在于这个判断形式本身，而在于"美之花"和"红之花"本可以是同一朵花，二者才可能有一种"类比"的关系（康德）。"美的世界"和"真的世界"本是同一个"世界"的不同的存在方式。

这样，诗之所以成为诗，并不仅是要把"红的花"说成"美的花"。"红杏枝头春意闹"、"人面桃花相映红"不必改成"'美'杏枝头春意闹"、"人面桃花相映'美'"，却是千古绝唱。事实上，诗人正是将杏儿、脸儿之"红"强调了出来，才是艺术；把"真"世界显示出来，就是美。

"真的世界"同样不是"科学的概念的世界"，不是"对象性的世界",而是基本的经验世界,是生活的世界。"红"并不要求测定颜色之光谱,规定一个人为的"度",来测定杏儿、脸儿是为"红",或对"红"的概念,下一个"定义",再来检验杏儿、脸儿是否"符合"这个"定义"。光谱仪将"红"的光谱测出来了,但真正的"红"就隐去了,出现的只是"数",即我们在生活中说"红"时的那种贯于"红"中的活的思想感情消失了,"红"与"火"、"艳"、"闹"、"血"……的关系没有了。前面那两句诗,正是揭示并保存了这种基本的关系,把"红"的活的意思表达、描写出来,在这个意义上,"真"与"美"的世界是完全相通的,"真的世界"、"现实的世界"、"基本的经验的世界",自然地、天然地可以作为审美和艺术观。古代希腊雅典的万神庙,古代中国的阿房宫,之所以可以"赋"它,正因为它本身就可以作"艺术品"观,可惜希腊的万神庙只剩下断垣残壁,而中国的阿房宫竟片瓦无存,但真正的建筑艺术却正是把石、木、砖、瓦之质地和重量真正地显示出来,建筑师之机巧也在于因材施工,使多种自然的特性(包括人自身的需求)协调起来,呈现出"巧夺天工"之美。于是,真、善、美都在这个基本的经验世界之中,是一些基本的"度"。

从自然的角度来看,"世界"是"自在"的,是一个必然性的物质性世界;而从生活的角度来看,单纯"自然的世界"是我们人类在实践的基础上作科学研究之后的"发现",而我们经常面对的、我们生活于其中的,则是一个充满了"意义"的世界,这个世界对我们展现为"真"的,"善"的,也是"美"的。我们依它为生,相依为命,我们歌颂它,吟诵它。山山水水好像是特意安排的。"自然"当然是没有目的的,但在科学不发达的时代,之所以可能有"自然目的论"出现,除了社会的原因外,也还有认识论上的原因,即误把世界与人的关系看作了世界自身的客观属性，以为山山水水都是某一个"理智者"（上帝）为人安排的。"上帝"是"人"创造的，"目的"也只有"人"才有，但人却是按照自然本身的特性来规整自己的需求和目的，因而生活的世界就可能向人类展示为某种"合目的"的安排，在"自然的目的论"被"自然的规律论"所驳斥之后，"生活的目的论"则表现为包括"自然"在内的"生活世界"的"意义"，因而"目的论"转化为"解释学"。"解释学"正是要"理解"那"世界"向人（也只向人）"显示"的"非自然属性"的"意义"，而"美"、"审美"，按伽达默的说法，则是这种"意义"的基本形式。

"意义"不同于"目的"，"目的"是人的需求的概念化，是具体的，也是概念的，"终极目的"则更是一个"理念"，一个非对象性的"概念"。"目的"是"善"，但是"概念的善"，因为"目的论"把"目的"和"手段"截然分开，"目的"、"善"只能是概念的；"意义"则不能是概念的，而也是现象的，"目的"和"手段"是不可分的，因而同时是"真"，是"善"，是"美"。在生活的世界，"真"、"善"、"美"没有"定义"上的区别，除非我们作出"主体性"的强制性界定，我们不可能在实际生活中截然区分三者的绝对界限；"真"、"善"、"美"的区别不是"香蕉"、"苹果"、"大鸭梨"的区别。

"花之美"就在"花之红"中，但"美"不是花的"属性"，因而不是"概念"，"花"的"属性"还是"红"；"意义"就在事物"属性"之中，但不等于"属性"，不是"概念"。这就是说："意义"不仅是"机械的"，也不仅是"逻辑的"，"意义"不仅是"必然的"，而且也是"自由的"。"生活的世界"、"基本经验的世界"、"意义的世界"是"自由的世界"；它不是"死的世界"，而是"活的世界"。

"自然世界"在理论上、知识上是"必然的"，"合规律的"，但这种"必然性"和"合规律性"又是通过具体的、无尽的"偶然性"表现出来的。"偶然性"是不可能完全"概念化"的，但人的科学的、经验的"知识"又必定以"概念"体系为形式存在，所以人的科学知识只能是具体的、经验的，不是万能的。"人"不是"全知"、"全能"的"神"。这样，人的一切成功的、正面的经验也都必定要通过那个"偶然性"的环节，因而表现为"自然"的一种"合作"、"配合"，于是"生活的世界"常展现为一种"恩惠"。无论科学、技术如何发达，人的每一个成功，一方面为自身之知识和努力，同时也无不显示为某种自然之"恩惠"，具有一种"天公作美"的意味，只是大多数日常的成功过于细小而不为人注意；在遇到重大事件成功时，则常有"庆祝"活动。人们可以想象，在"必然性的大箍"中的一切事都有其必然之结果，则又有何"庆祝"可言？而庆祝的活动往往孕育着"艺术"的活动，当然，在原始的阶段，包括了"宗教"的活动。

然而，我们不无遗憾地看到，我们生活的这个世界，不完全是一个福祉的世界，同样也是一个灾祸的世界，"意义"不总是正面的，而且也有反面的。"自然"不总是"赐福"给人类，而且也"为害"人类。养育人类的天地，常常也会有毒蛇猛兽、瘟疫、地震……，真、善、美作为价值言，包含了它们的反面假、恶、丑。洪水猛兽当然是一种真实的力量，威胁着人类的生存，但无奈人总是相信那种现象是"不合理"的，"反常的"，而努力去躲避或改变它们。"祸"不是不可躲避的，不是"不可避免"的，"福"也不是"必定""降临"的。

"人世"不是"天堂"，也不是"地狱"。"天堂"是"假"的，"地狱"也是"假"的，唯一真实的世界是我们生活的世界，它的"意义"、"价值"是开放的，活的。这就是说，真、善、美和假（伪）、恶、丑是可以相互转化的，因而是可以互为"标志"的，在"福"里可以看出"祸"

的契机，而"祸"却未尝不是"福"的前兆。疾病提示着健康之可贵，永远不生病的人体会不出来健康的好处，这样，艺术以美为自己的理想，但仍可以灾祸（丑）为直接的内容，从这个意义上说，"艺术"虽比"美"的范围要广泛得多，但其意谓是一致的。

灾祸的现象，仍然可以是"审美的""对象"，并不是说这些现象本身已是"美的"，而它之所以可以成为艺术的内容，正因为它强烈地提示着一个应有的福祉的世界。

我们生活的世界充满了矛盾、斗争，甚至有时充满了邪恶、凶险，但我们对自己的生活毕竟是乐观的、热爱的，这个世界对我们毕竟是"有意义"的，而不是"无意义"的。我们不必采取一种目前欧洲某些哲人们所反感的"人类中心论"态度，同样可以肯定我们生活的世界是"有意义"的，因为世界虽只对"人"显现其特殊的意义，但这种"意义"又是"世界"本身所具有的，不是"人"加诸"世界"的。是"世界"本身"教"、"授""我"以"意义"，"世界"使我成为"艺术家"和"欣赏者"。

二、"人"如何理解"自己"

在这里，我们已从一般所谓"审美的客体"转向了"审美的主体"，但我们看到，这里所采取的立场，也已不是那种主客分立的原则，而是回到现实的、生活的世界来理解"世界"与"人"的特点，以便进一步理解美和艺术的特点，这正是一种哲学——艺术、关于美的哲学的方法。

说来惭愧，人积数千年之经验，但对自己的理解至今还是很肤浅的，甚至连自己在世界上的地位都不大容易确定。有一个现象值得注意:在西方的思想、文化、哲学史上,"人"被明确理解为占"中心"地位的时间前后加起来也并不是很长的。

古代希腊早期的哲学是"自然哲学",万物的始基是水、气、火这样一些东西,而不是人。智者学派提出"人为万物的尺度",可谓一大转变,但直到苏格拉底将"认识你自己"引入哲学,"人"才以自身不同于"自然"的特点居于中心的地位。这个思绪为柏拉图发扬光大,但到了亚里士多德又有了新的转向。亚里士多德的哲学为"存在论"(本体论),求万物后面的"本质性"的"存在",连"灵魂"都成了一门具体的学问,但却没有"人学","人"似乎从中心的地位被撤了下来。中世纪以"神"为至高无上,"人"只有在"上帝的宠物"意义下才有地位。这样,才有文艺复兴重新强调人的意义,也才有康德的哲学上的"哥白尼式的革命"。这个"革命",就是要把"人"的"理性"的"主体性"重新置于"中心"的地位,以人的"理性"的先天形式,统摄客体性的材料,以便在"经验"、"知识"、"科学"上.作为"理性"的"人"最终不为感觉材料所左右而居"中心"地位——"人(理性)为自然立法";在"材料"上"人"固为被动,但在"法度"上"人"却完全自主。事实上,康德这种"人类主体中心论"到黑格尔已有所转变,在黑格尔的绝对体系中,"人"的中心地位已岌岌可危;不过黑格尔仍以"理性"为中心,而舍"人"则无从谈"理性",所以他虽被称作"客观唯心主义",还没有被看成"反人道主义"或"非人道主义"。在现代西方哲学中,"人"的地位也不见得更确定些。当代现象学的创始人胡塞尔力主建立"人文科学",他的"生活的世界"是以"人"为中心,即以不同于传统的"我思"的"先验的自我"这类的"人"为中心,这是没有疑问的。但他的学生海德格尔已经被看作"非人道主义"或"反人道主义",为此他写了文章申辩,但却明确反对任何"主义"，开始了"无中心"、"多中心"的风气。就海德格尔的思想言，他固执地坚持用"Dasein"，而不用"人"，不是没有原因的：他把"人"——实实在在的"人"，只看作"存在"显现自己的"环节"，因而在《艺术的起源》中强调一个第三者——"艺术"，其用意是清楚的：不是"艺术家"使"作品"成为"艺术作品"，也不是"艺术作品"使"人"成为"艺术家"，而是"艺术"使"作品"和"人"成为"艺术的"。海德格尔的思想得到存在主义（实存主义）者雅斯贝斯、萨特的发挥、改造和批评，实存主义以"实存""超越""Dasein"为"人"之本质，从而恢复了"人"的中心地位。尽管"生"、"死"都是"荒诞"的，但人"活着"的过程总还是在"创造""意义"。这个思想，在一个阶段，具有很大的吸引力，即使替代它的结构主义，也并不否认"人"的这种核心地位。

然而当代法国的思潮却主要是"反人道"、"反文化"、"反中心"的。尼采说，"上帝死了"；法国的尼采福柯说，那个杀死"上帝"的"人"也死了。"人"不比"上帝"活得更长，一切"文化"，不能使"人""不死"（不朽）。"上帝"死了，"人"就无"意义"；"人"死了，"世界"也就无"意义"。"人"在消失中，"意义"也在消失中，一切人类所建构起来的（意义）"结构"都在"解体"之中，这就是被称作当今法国的海德格尔的德里达的思想。

没有想到，人"想"了多少世代，而自身的"意义"反倒成了问题。一点也不错，就科学来说，"人"永远是一个"有问题的概念"，而不是一个"定义性概念"；人世间之所以老是存在着问题，不但是因为"人"老在提问题，而且还因为"人"本身就是一个最核心的问题。过去，康德认为"上帝"、"灵魂不灭"和"意志自由"是一些"问题性概念"，是一些"理念"，殊不知世上一切之事，作为"人事"观，都可以是一些"问题"，因为"人"本身是一个问题，所以康德在思考了"科学知识"、"宗教"、"伦理"之后，最后提出了一个问题："什么是人"。"什么是人"并不是要给"人"下个"定义"，而是要人去"理解""人"的"意义"，这个"意义"在概念知识上永远是问题，但却可以在生活的经验中体会出来，领悟出来。人的生活本身提供了人"认识自己"的这种权利，而不断地打破概念知识所给出的各种"定义"框框。"人"的"意义"在活生生的生活之中。"人"生活在"世界"之中，自从"人""有"了这个"世界"之后，"人"就"有"了"意义"，所以"人"的"意义"并不完全是自身产生出来的，不是自身"创造"的，而是从生活、从"世界"体会、领悟出来的，是"生活的世界"（而不是"概念的、对象的世界"）"教"给我们的。

在这种情形下，我们看到，过去许许多多关于"人"的"定义"或"学说"，都依然成了问题。"人是有理智的动物"，"人是会说话的动物"，"人是使用符号、工具的动物"等等，都不被认为是完满的，"人"甚至也不能归结为"社会的动物"，因为"人"本不是"动物"，在"动物"的前面无论加什么"形容词"都"概括"不了"人"的"本质"，"人类学"的研究不能使"人"自身缄默。

哲学的情形也不见得好一些。笛卡尔说，"我思故我在"，然而不但从"我思"推不出"我在"，而且"我"也不等于"我思"，"人"不是"思"的"主体"，不是"精神的实体"。"人"不是"神"。所以海德格尔说，"我在故我思"。这里的"在"，当然不仅仅指物质性的、自然性的存在，所以"人"的"存在"，就是"人"的"生活"，"我在"是我的活生生的存在。我的活生生的存在就是我的非生物意义上的"活着"，不是"植物人"、"动物人"式的"活着"，而是真的"活着"，这样，"我在"，就是"我活着"，而"我活着"，则必定可以"推出""我思想"，这里已不是"逻辑"的推理，而是"历史的"、"现实的"推理，"我活着"是"我思想"的"历史"的"先天（a priori）"条件。"我活着"的"活"，不是生物学的"概念"，而是基本生活经验里的语词，是基本生活世界里的"度"，从这个"度"来理解胡塞尔的"先验（超越）的自我"、海德格尔的"Dasein"、雅斯贝斯超越性的"实存"，正是他们想说而没有完全说出或说好的意思。

"我在故我思"，我活着，我一定在思想，这里的思想是"活"的思想。什么叫"活的思想"？"活的思想"即"自由的思想"，"我活着"亦即是"我是自由的"。我的自由是从不自由来的。我之"生"是不自由的，所谓"身不由己"；我的自由终要归于"不自由"，我之"死"也是不自由的。但我活着，我就是自由的、自主的。"生"、"死"按某种意思来说，都不是"人的事"，而是"自然的事"，是无可选择的。"自杀"不是"自由"的"选择"，不是"自由"的表现，都是"被迫"的，常常值得同情，但哲人们（包括康德、萨特等）都是不提倡的。"生"、"死"既然不是"人的事"，则理应"置之度外"，人既不可孜孜以求"长生"、"不死"，也不应因"必死"而"烦恼"，海德格尔把"死"纳入"Dasein"的"Da"是很有问题的做法。其实"死"才真正是在"Da"之外的，是"超越的"，不是基本生活经验所能体验得到的事。

然而"人"毕竟是有限的存在，人都是要死的，"人"的这种有限性，是"他人"所提示给我们的。事实上，中文中的"人"，首先是指第二部分人及其世界——"人诗意地存在着""他人"、"别人"。在"他者"的视野中，"生"、"死"又都当另一种意义。

在谈到"他人"时，我们首先还要回到以前讨论过的"世界"。我们生活的世界，首先是"他人"的世界。"他人的世界"这话有两层意思：一是指这个世界是"人的世界"，我们所谓的"世界"是包括了"（他）人"的世界，而不仅是自然界，二是"我"的一切"知识"，我对我生活的世界的"知识"，是"他人""教"给我的。

"世界"像个大舞台，而不像一幅风景画。"我"自出生以来，就"参与"了这个世界的活动，与"他人"打各种交道。"我在世界中"根本上说就是"我在他人之中"；我跟世界的关系，就是我跟他人的关系。

我们说，"世界"、"天地"养育了我们，但主要是通过"他人"养育了我们。"他人"授我以生活的知识（科学）和技能，以及那相对独立的生活的能力，在这同时，也授我以人伦的观念，以协调"我"与"他人"的关系。"他人"使我成为"社会性的存在"。我的一切"尺度"，都以"他人"为基础，"人是万物的尺度"，首先是"他人是万物的尺度"。

同时，"他人"亦授"我"以"人"自身的尺度，"他人"使"我"成为"人"，使"我"与"人""认同"。生活在"他人"之中，"我"才是"人"。"他人"塑造了"我"。"他人"是"我"的"创造者"，并施"恩泽"于"我"。

然而，"他人"却始终不可能是"我"，"他人"永远在"我"之外。"他人"在"我""对面"，而且永远在"我"对面，但"他人"又不可能成为我的"概念"的"对象"，"他人"不是"我"用科学研究的办法所能完全掌握、完全理解的，要理解"他人"，必须和"他人"在实际生活中"打交道"，但即使是这种"交往"，也不可能使"他人"的"自在性"完全变为"为我性"的。"他人"对"我"永远为一个"谜"，"我"对"他人"的"理解"永远带有"猜测性"。"他人"这种不可归结为"我"的特点，使"我"不可能成为一个纯知识的主体，而必须保持着活生生的人的基本性质，"他人"时刻在提醒着"我"作为基本生活世界的一分子。世上最伟大的科学家——包括社会科学家，政治家等等，都同时是有七情六欲的基本（普通）的生活中的"人"，而不可能成为"纯知者"。

"他人"不是"另一个自我","世界"不是由一个个"自我"组成，而是由"非自我"的"他人"组成，"自我"只有在"他人"中才能存在，"他人"掌握着"自我"的"命运"；"自我"只有在"社会"中才能存在，"社会"决定着个人的"命运"。在这个意义上，我们竟然可以说，"自我"只是"另一个他人"，"自我"、"个体的我"会不断地"异化"为"他人"，"我"经常处于"非我"的境遇中，因此，"自我"既非"纯知识"主体，倒也不可能是"纯意志"主体，"自我"不可能"为所欲为"。于是，"自我"会有"不愉快"、"烦恼"，因"他人"掌握着"我"之命运，而且并不总是"施恩"于"我"，"他人"也可以"加害"于"我"。"社会"总是会有"斗争"。社会上一切矛盾斗争，包括天灾人祸，都提示着一个基本的生活世界的存在，提示着"我"作为这个世界成员的身份。

"他人"授人以"知识"（包括关于"自然"和关于"社会"的），但却"隐匿"着自己，"他人"永不能"概念化"、"知识化"，甚至关于"社会"的一切"知识"也不能让"他人"真正"透明"。"我"清楚地意识到，无论"他人"在社会的舞台上表演得如何淋漓尽致，但却仍然"隐匿"着，永远保守着"自己"的"秘密"。

"他人"唯一不能保守的"秘密"是他的"生"和"死"。"生"为"秘密"之开始，"死"为"秘密"之结束。"生"、"死"本身并无"秘密"可言。"他人"只有在面对生死关头时，才"吐露"一些他的"秘密"，但最终还是把他的"秘密"带走。这样，生、老、病、死常是诗的主题，"病中吟"常可透露一些人生的意义。诗人、艺术家不是把生、老、病、死当作一种"自然现象"来观察，也不是当作一种"社会现象"来研究，而是当作那基本生活经验的一种"提示"来体验，来吟诵，在这里，"生"、"死"都有一种"活"的"临界点"的意味。"大限"是说"活"的限度,这个限度因"活"而"设",因此艺术中的"死",是活人对死人的"悼亡(念)"。

从这个意义说,生活中的"人",是以生、死为"始"、"终"的活生生的人,是有限的理智的存在者。活生生的人是有七情六欲、有理智、有感情、有喜怒哀乐的人,不是纯理智性的,也不是非理智性的。在基本的生活经验世界里,"人"就是完整的"人",而不是"科学家"。他的所思、所想,不是纯概念的,而是"诗意的",他的所作所为不是纯功利的,而是"艺术的"。所以海德格尔说"人诗意地存在着"。真正生活里的人,就是哲学意义上的诗人、艺术家。

"诗人"、"艺术家"并不比别人多出什么"感官",或有什么特别的功能,不需要"特异功能"。在这个意义上,对基本的生活经验有所体会的,都可以是"诗人"、"艺术家"。"诗人"、"艺术家"之所以为"诗人"、"艺术家",不是因为他们有什么"特别之处",而正是因为他们没有(或"取掉")什么"特别之处";"人"本来就是"诗意地存在着",只是因为人事纷繁,一般人常"忘了"这个"本来"之处,而"记得"这"本"的,反倒显得"特别"起来。

三、艺术的世界与现实的世界

从上面所说的道理来看,基本的经验世界本就是一个充满了诗意的世界,一个活的世界,但这个世界却总是被"掩盖"着的,而且随着人类文明的进步,它的覆盖层也越来越厚,人们要作出很大的努力才能把这个基本的、生活的世界体会并揭示出来。所以"艺术的世界"竟常常表现为与"现实的世界"不同的"另一个世界"。

"掩盖"生活世界的基本方式是一种"自然"与"人"、"客体"

与"主体"、"存在"与"思想"分立的方式，世界被分割成"目的"与"手段"的永久性的对立，"利益"原则与"知识"原则的分立，科学、技术成为"利益"的手段，"自然"成为"幸福"的手段，"他人"也成为一种"手段"，即一切被认为是"客体"的，都成为"手段"。"知识"与"技能"丧失了在生活世界的"交往"、"沟通"的对等关系，而成为"控制""自然"和"他人"的工具。这样，科学知识成为概念的体系，社会的规范成为外在的道德和法律，而对这些规范的每一次改变，都可能会成为一场"革命"。一切都可以成为"手段"、"工具"，而"目的"则是一个更为"合理"、更为"幸福"的"人间天堂"，而这个"目的"又是无限的，是一种"理想"，于是为这个"理想"而奋斗，就成为人的最为崇高的品德。在很普遍的程度上，艺术被理解为这种"无限理想"的感性形象的表现。而应有的视角似乎尚有一个相反的方向，即艺术面对的既不是那个虚无缥缈的"无限"，也不是社会理想方案的图解，艺术的眼光不是向上指向天上，而是向下指向人间，指向那基本的生活世界。

然而，现实的世界是按一定的概念的规则组织、构建起来的世界，是受科学、技术（包括社会和管理技术）支配的世界。这个受"文明"洗礼的世界才是现实的，或被"他人"教导我们必要承认为现实的。于是，真正的关系就在这种精心组织起来的世界面前颠倒了过来：科学（化）的世界是"现实的"，而艺术（化）的世界反倒是"理想的"。事实也的确如此，为了展现那个基本的生活世界，人们必须"塑造"一个"意象的世界"来提醒人们，"揭开"那种"掩盖层"的工作本身成了一种"创造"。在"现实的世界"中"创造""另一个世界"，于是"戏剧"由原来的"节庆"活动"产生了""舞台"，原始的壁画成了有画框的绘画……"舞台"、"画框"成为"艺术"与"生活"

的"界限","艺术"成为从"生活"中"划出"来的"另一个世界"——"意象性世界"。这样，基本的实际交往，成为思想的交流，"艺术"成了一种"意识形态"、"思想形态"、"观念形态"，本身也像"科学"、"道德"一样，可以成为一种"工具"；然而，"艺术世界"毕竟也被承认是比那个组织起来的社会更真实、更美好的世界，则正是因为它在现实的社会中提示着那个被"掩盖"、被"遗忘"的基本的经验世界。

我们常说，"艺术"为"生活"的"反映"，这是很对的。不过，这里的"生活"是指那基本的、活生生的生活，而不是那个按照既定的条条框框组织起来的某种"不变"的社会生活。艺术所"反映"的是"基础性"的生活，而不是"上层建筑性"、"特定体制性"的生活。它之所以采取一种"反映"形式，是因为那"基础性"的生活是隐匿着的，经过了思想性的"塑造"工作，反倒成了"镜花水月"，但并不排斥在特定条件下人们在自己的实际生活中也能体会出那"艺术之境界"来。

至于说到"艺术世界"与我们当前为科学技术组织起来的"上层建筑性"的"世界"在内容上的区别，却是很大的。我们看到，在工业社会，科学、技术正野心勃勃地探讨宇宙人生的一切奥秘。现代科学倒并不真的相信有一天它能穷尽一切"秘密"，但仍努力做那"揭秘"的工作，"艺术世界"则如实地表现、承认那种"秘密"，所以"艺术"对我们现有的科学知识而言似乎总有一点"神秘性"，承认那"可以意会而不可言传"的意境，而不相信科学性、概念性的语言可以把一切都说得清清楚楚而合乎"逻辑"。

"艺术世界"也不是一个纯"因果性"、"必然性"的"大箍"，不相信靠科学、技术的能力可以完全趋福避祸，而承认偶然性的不可避免的作用，因此它"歌功颂德"，表彰天地和他人之"恩泽"，同时也可以"怨天尤人"，谴责天地和他人之"不公"。"诗"吟诵着生、老、病、死。

科学当然肯定"人"是要"必死"无疑的，艺术家也并不否认这个必然性。但"死"作为一种自然现象，在"物质不灭"的信念下，科学的态度保持着一种永恒的乐观、理智的精神；"死"在艺术里，像一切自然现象一样，都与人的存在、人的生活有一种关系，而这个现象又总是"他人"所"提示""我们"的，因而"死"带有一种"（生）活的必然性"，而不仅仅是一种"自然的必然性"。生活中的活生生的人，不可能完全在那"物质形态转换"的科学学说中找到真正的"慰藉"，而只能在那世代相续的"历史"中看到一种"寄托"。科学看"死"、"活"同为一种自然现象，艺术则确认"生"、"死"为一"限界"，是一个"问题"。艺术中承认的唯一的"永恒性"为"问题"的永恒性。

在这个意义上，"艺术的世界"似乎是一个"梦"的世界，是一个"梦境"——所谓"白日梦"。"梦的世界"与"醒的世界"相比，是"另一个世界"。有"美梦"，也有"噩梦"，"噩梦"常与"死"联系在一起，"梦"常在扭曲的形式中使人回到那基本生活经验世界，而暂时"摆脱"当下的世界。

"摆脱"意味着"解脱"、"升华"、"超脱"——，是为叔本华的"解放"，胡塞尔的"括起"……总之，"艺术"这一"另一个世界"与"现实世界"竟保持着相当的"距离"，这个"距离"不仅仅是"心理的"，而且也是"实际的"。"心理距离"中所保留的"安全感"是因为艺术世界是"意象世界"，似乎是"梦境"，即使是"噩梦"，梦见"我之死"，竟似乎是"他人"之死，也同样带有"到悼亡"意味，是对"死"的"悼念"。

"超脱"意味着"超功利性"，这曾是康德以来西方对"审美判断"

的牢固的信念。"超功利"不是说真的"不含功利","超功利"是说"超脱"当下的实际利害关系,因为艺术世界是一个不同于当下现实的"另一个世界"。"意象的世界"、"梦"固然有"身临其境"感,但毕竟是"观照的世界"。基本的生活世界在这里作为"意象"出现,而不是作为"对象"出现。"意象"本身是"含功利"的,但这是一种"基本的功利",是"基本的正义",而不是当前眼下的实际的利害关系。所以,连康德也说,"美"是"善"的"象征"。在康德那里,"利害关系"是现象(表象)界的事,真正的"善"(正义)则是本源世界的事,而他理解的本源世界是理念的、纯理性、概念的世界,"(审)美的世界"不可能是纯概念、纯理念的,所以只能是它的"象征",不是他在知识论里说的"图式"。然而,我们既然已经认识到"本源"和"本质"不在"思想"、"概念"中,而在"生活"中,在基本的经验之中,所以"善"和"美"都是"这个"经验世界的事。"善"不是"那个"按固定的概念组织起来的社会中的"名"和"利",不是图"虚名"——被封为"万户侯"甚至"哲学家"、"美学家"、"科学家"……,也不是图"享受"——无止境的物质生活的追求,恰恰相反,真正的"善"是在对这些"名利"羁绊的"摆脱"、否定中,对"名利的世界"言,则是一种"超脱"、"清高"的态度。"超脱"、"清高"并不是"神仙"的态度,恰恰是"人的态度",是基本的做"人"的态度,是一种最为平常的态度。持这种态度的人并不是不吃、不喝,不是断绝七情六欲,不一定非出家当和尚才能体会那种境界,只不过是相对于那"名利场"而言,是"脱俗"的、"高雅"的。

的确,人为了暂时"摆脱""名利场",曾创造出"道德的世界"、"宗教的世界"与之对立。"道德"只讲"原则",不计成败利钝,为了某种"原则"可以"赴汤蹈火",万死不辞。无奈"原则"亦是"概念"、"观念"，常常被利用来成为"手段"，而其真正的"目的"和"原则"反倒"不可知"，成为"空洞的形式"——凡可知的"原则"，都可以被利用来作为一种"手段"；"宗教世界"是幻想的世界，是对被掩盖的生活的、基础性世界的幻想形式。我们看到，这两个"世界"与"艺术的世界"在历史上有着千丝万缕的联系，即在"超然"、"脱俗"这些方面，它们有许多相似之处，但"道德"和"宗教"的"世界"都"超越""人"的"世界"，它们是推理出来、或幻想出来的"无限的世界"，但"艺术世界"却是"有限的世界"，因为真实的基本生活经验是"有限的"、"历史的"，所以只有"艺术世界"才既是"理想的"，又是"现实的"。

"艺术的世界"虽然"超然"、"脱俗"，但却有自己的"时间"和"空间"，而且是"有限的""时空"。在科学、技术组织起来的当下现实的社会中，时空一方面被理所当然地理解为"无限"的，另一方面却又被规定为非常确定的计量尺度：年、月、日……和顷、亩、畦……，时空成了人制定出来的、为计量方便的度量衡工具。事实上，在基本的生活中，时空不是工具，而是"人"及其"世界"的存在方式。康德说，"时空"是一种必然的直观形式，而不是从某种概念演绎出来的。"道德原则"和"神"则都是"超时空"的，但"人"及其"世界"，只能具体地、有时空地存在着。

"艺术的世界"之所以是"另一个世界"，是因为它有"另一个时空"。斯坦尼斯拉夫斯基说，戏剧有自己的"规定情景"，各种艺术作品都有自己的不同形式和不同程度的"规定情景"。"情景"即"时空"，即"世界"。"情景"正是艺术的"时空"、艺术的"世界"，亦即基本的"时空"和"世界"。没有抽象的"情景"，因为生活里没有抽象的、概念的"时空"，只有具体的、规定了的"情"和"景"

的交融。

科学、技术、工业、商业组织起来的世界，具有很大的吸收力，因为科学、技术被理解为可以涵盖一切的，因而举凡宗教、艺术、道德文章都可以成为科学的"对象"，甚至为社会管理的"对象"；它们都可以被组织起来"制度化"。在科学、技术指导下以利害关系为基础的庞大的社会机器正不断地"吸收"宗教、艺术，使其本身也制度化。商业经济的分工使社会有职业的"神职人员"，有专业的艺术家。艺术品也成了商品。然而，值得庆幸的是：工业、商业社会的这种吸收力不是无限的，因为基本的生活经验有一种不可回归性，即表现这种生活经验的艺术世界不可能被工商业世界完全吸收掉。"另一个世界"不可能完全成为"同一个世界"。"舞台"和"镜框"固然可以是工商业世界的一个部分，甚至舞台上的演出（戏）、"镜框"里的画……都可以成为"商品"，或科学研究的"对象"，但"戏"和"画"所表现的那个"世界"、那个"情景"，是"对象化"不了的，也是"卖"不出去、"买"不回来的，是"没有价格"的。用亿美的哲学万美元来收买凡高的画并不说明收购者有多高的艺术眼光，而只是显示他的富有而已。"艺术的世界"不可能被贴上任何"标签"，要"理解"这个"世界"，必须设身处地地"生活"在这个"世界"。艺术世界帮助并"迫使"我们回到、守护那基本的生活的世界；艺术世界帮助并"迫使"每个接触它、观赏它的人，包括科学家和商人在内，都可以成为"诗人"、"艺术家"。高价收买凡高绘画的商人，不能以财富来显示自己的欣赏力，但凡高的画却仍然"邀请"这位商人进入它的"生活"；而"迫使"这位商人"配得上""生活在"凡高的"世界"的第一步，就是"迫使"这位商人"感到""显示财富"的"羞耻"。艺术世界的"教育"作用，正在于它对当下眼前的世界也有一种吸收作用，当然，这种作用也是不完全的、暂时的，但却是重要的、基本的；因而，科学有一种专业的教育作用，而艺术则有一种普遍的教育作用，它迫使任何人在它面前不能"无动于衷"。

第三部分　艺术作为一种基本文化形式

一、基本生活经验与基本文化形式

"经验"在西方哲学史上的意义和地位是不很固定的。从近代以来，康德把"经验"限于"科学"，而他的"先验"则只是形式，这些形式又只能运用于"经验"的范围，所以"先验"是"经验"中的"先天"（逻辑条件）部分，是使"经验"成为"经验"的原则，于是，"经验"本身是有内容的，但又是具有普遍性的。"经验"中的内容和形式两种不同来源的因素，是康德"分析"出来的，事实上，"经验"的具体性和普遍性是不可分的，"经验"总是具体的，但又具有普遍可传达性。这样，自新康德主义以后，"经验"的范围被扩大，它涵盖了人作为人的一切活动，广义的"经验"就是广义的"文化"，基本的经验世界，就是基本的文化世界。

然而，和胡塞尔不同，真正的"经验世界"不是被理解为一个"纯粹的世界"，而是一个"混合的世界"，"综合的世界"。本来，胡塞尔的"生活的世界"，既非纯客观的，又非纯主观的，既非纯直观的，又非纯理智的，或者说，又非本质的，而是"本质的直观"、"直观的本质"，那么，本就是"综合的"、"复合的"、"诸种因素未经分化的统一"的"世界"，他之所以把它叫做"纯粹的"，是强调它是"理念的"，不杂任何自然感觉的，他把这种"感觉"看作"经验"，因而是要被现象学排除出去的，这样，在胡塞尔那里，"直观"与"经验"是被分割开来的，"经验"反倒成为抽象的、概念的；虽然他有时用"体验"（Erleben）来指那种纯粹、直接的经验，但这仍是西方哲学语言中的一种混乱现象，是为了和他们的传统区别开来而不容易避免的问题。

事实上，"经验"本身虽然离不开"直接性"而一定要与一种纯科学意义上的"感觉"有所区别。在"经验"世界中，感觉和概念尚结合在一起，"经验"的"对象"也不是静观的，因而不仅是"理念"（观念）的，或"意向性"的，而且是我们实际与之打交道（交往）的人与物，是实实在在的；"生活世界"、"经验世界"里那些"本质"，也不光是"看"、"观"（理智的直观）出来的，其中还包括了实际的"交往"，即在改变着"对方"和"我"的过程中"体验"出来的。

实际的交往过程，是一个复合的活动过程，而不是单一的、思想的"交流"过程；它需要"接触"、"相遇"、"相互作用"，而不仅仅是"心灵""感应"或"震颤"。"交往"可以是"思想"的、"心灵"的、"精神"的，但同时也可以是政治的、经济的、实践的。"交往""综合"了"心"、"身"两个方面的活动。"经验"就是"交往"，所以也包括了"心"、"身"两个方面的经验。对于胡塞尔的"生活的世界"在理解上的这种改变，似乎使我们有可能从他的本源性的、原始性的哲学又回到新康德主义的"文化哲学"，即在"基础性经验世界"中看出了"文化"的地位，不再把"原始的"与"文化的"坚硬对立起来，而承认一种"基础性的"、"原始性的""文化世界"。

广义的"文化"就是使"自然""文""化"。我们不一定说"文""化"

就是"人""化"，因为并没有一个抽象的"人"的"本质"来使"自然""体现"这个"本质"；但"人"的"活动"却使"人"作为一种特殊的自然存在物与自然的关系发生了变化。"人"的活动在"自然界"留下了"痕迹"，这个"痕迹"就是"文"，"文化"即"痕迹化"。"人"使"自然"成为"经验的世界"，"经验的世界"就是"痕迹的世界"。

"痕迹"是"刻"出来、"写"出来的，"说"本质上也是一种"写"。"说"不仅仅是一种表达"思想"的方式，同时也是一种实际活动的方式，因为有了"说"，"精神"、"思想"才可能通过其它实际环节转化为"物质"的力量，人才可能按照"想的"、"说的"去"做"。在这个意义上，我们也可以说，"文化"包括了"物质文化"和"精神文化"，而以"物质文化"为基础，而且在这个基础的意义上说，这两种文化本又是不可分割的。

"痕迹"是"改变了的""自然"，或"自然的""改变"，但这种"改变"，只有对"人"才有"意义".，只有"人"才能"辨认"这种"痕迹"，所谓"意义"，就是"可识别"、"可辨认"的。在这个意义下，"自然"对"人"，才可以是"诗意的"、"文化的"。"人"总是去"辨认""自然"的"痕迹"，所以"人""诗意地存在着"，也就是"文化地存在着"、"文学地存在着"，每个人都可以是"诗人"、"文学家"，因为每一个人都是在基本意义上的"文化人"。

"识别""痕迹"的能力不是天生的，而是经验的，是基本的生活经验"教"给"人"的，是"学"来的。人的认知能力，固然有其生物、生理上之进化基础，这对个人来说，是先天的；但"自然"之展现为"痕迹"，却是经验的。

我们所谓"经验"，首先是"我"与"他人"的"交往"，"他人"是一"我"的"经验"的条件和基础，"自然"之所以转变为"痕迹"

首先是因为有"他人"。于是，"经验"首先是"我"从"他人"那里"学"来的；"经验"，是"他人""教""我"的"经验"。

"写"出来的是"字"，"说"出来的是"话"，而所谓"痕迹"就是广义的"字"和"话"。"字"是无声的"话"，"自然"是"无字"的"天书"。"天书"同样是"人""写"的，不过它的"字"不像后来那样概念化、定义化，"意思"不那样"确定"，但却是那种狭义的"字"的活的基础。人总是先学那本无字的"天书"，然后才学有字的书。婴儿在学会说话之前就已"看懂"父母的手势，"听懂"父母的某些"话语"。即使真正意义上的"文盲"，也同样是"人"，个别情形下，甚至也有很高的"悟性"和"情趣"。

我们生活的这个世界，是"他人"已经"写"了并还继续在"写"的一部大书，"世界"布满了"痕迹"。"世界"不是"白板"，我们的"心灵"（灵魂）也不是"白板"。我们是按"世界"、"他人"为我们提供的"痕迹"来辨认它们，并据此刻上自己的"痕迹"。中国儒家信奉"天、地、君、亲、师"，剔除其封建的内容，这里把天、地与师相比，说明"天"、"地"为最高的"师"。"痕迹"原已在天、地之中，就像莱布尼兹所说的雕刻家手中的石头那样，那雕像的轮廓，已在石头的纹路之中。

天、地的纹路原本是清晰的，但你也写，他也写，日久天长，"痕迹"相互重叠，层层覆盖，并有褪色、剥蚀的情形，便增加了辨认的困难。于是，在我们生活的世界中，有清晰的痕迹，也有不清晰的痕迹。那些清晰的痕迹，似乎是理性的，而那些不清晰的痕迹又似乎是"非理性的"，混乱的。

这样，在我们的基本经验中，并不是一切都是那样透明、清澈的，而是错综复杂的。我们听到的"话"、看到的"字"，有时是清楚的，有时则是模糊的，其"意义"是含混的，多义的，甚至是不可解的，而这种清晰和含混的界限本身也并不是那样绝对的，常又是很容易转化的；本来觉得清楚的字和话，有时会模糊起来，而那含混、甚至有时是梦般的话语和文字，却似乎又有什么深刻的意义在内，使听到和看到的人心中明亮起来。总之，在这个基础性的领域中，"理性"和"非理性"的界限既是明确的，又是可以转化的。

我们知道，西方哲学的历史告诉我们，理性主义和非理性或反理性主义是坚决对立的两个哲学流派，至少从近代以来，叔本华、尼采、基尔克特是和康德、黑格尔对立的，柏格森的直觉主义当然也是一种非理性主义的形式，所以卢卡契把西方哲学的衰落归结为"理性的毁灭"。

无可否认，西方哲学就其建立这门学科的本意而言，与一切其它学科一样，都是为了弘扬理性，追求真知的，因为无论如何，哲学仍是要建立一个概念、范畴体系的科学部门。在这个传统下，西方的非理性主义常常表现为对传统的偏离和对哲学本身的冲击。

然而，我们看到，西方哲学的理性主义传统本身也存在着不可避免的矛盾，这个矛盾，发展到黑格尔那里，正如马克思所说的，成为体系和方法的矛盾，我们也可以理解为目的与手段的矛盾。其实，哲学这个内在的矛盾，康德已经清楚地意识到，他把人类一般理智活动，分为知性和理性两个不同的层次，说明他正视了这个矛盾，企图以这种划分的方法来调和这个矛盾。黑格尔同样是按这个思路想下去的。"理性"被分别为"表象的"和"思辨的"，"科学"被分为"经验的"和"哲学的"。"哲学的科学"是"纯理性的"、"绝对的"、"纯粹的"科学。然而，由于人们不容易把握好这个"高于"一切"（经验）科学"之"哲学科学"，不容易在一般科学形态之外寻找、建立一个特别的概念理性体系，因而后来法国一些黑格尔哲学的研究者竟觉得从直觉主义的角度来理解黑格尔的"绝对"、"辩证法"和"理念"似乎更妥切些。于是，西方哲学史上最大的理性主义的代表人物黑格尔竟然可以被歪曲地理解为"准"直觉主义者。

西方哲学思想历史发展上的这种颇具讽刺意味的现象说明了从西方哲学传统本身来看，所谓"理性"与"非理性"的对立本不是僵硬的。黑格尔"理性"、"理念"的历史性、经历性说明了一个困难的处境：如同康德要做的那样，在"知性"层面把"分析"与"综合"结合于"先天性"上，从而把"先验"与"经验"严格划分开来；或者如同黑格尔要做的那样，承认"理性"本身就是"经验"的，而"经验"不仅是有内容的、综合的、复杂的，而且是历史的。"理性"不在"经验"之外，而就在"经验"之中。如果我们不想在一般"科学性"的"理性""之外"或"之上"再寻求什么"哲学性"、"思辨性"的"理性"那么我们就应该老老实实地承认"经验"大于"理性"，"实践"（实际）优于"理论"，是"理论"的"基础"。

"经验"的领域，是"可知的"、"有知的"领域，就连"不可经验"、"不可知"的"生"和"死"，也都由"他人""显示"给"我们"，供我们作概念式、对象式之科学研究；但"他人"绝不能将"死"之"体验传授给"我"，"死"只能作概念的把握，所以一切关于"死"的吟诵都有"隔靴搔痒"的味道。"生"、"死"都是"自然"的事，而"活"着的人却都是可以交往、交流的，因而不仅仅是概念性的，而是实际性的。

非概念、非对象的"经验"，就不是单纯的、"清楚的"、定义性的概念知识所能囊括得了的，它包括了一切的偶然性，包括了人的七情六欲，包括了疯、愚、痴、梦等被科学概念视为偏离正常理智生活的一切病症。人不总是"健康"（健全理智）的，或者说，"病"

是难以避免的。

"病"在理智上、社会上表现为一种"不正常"现象，对个人来说，表现为一种"痛苦"。人生在世，"苦"、"乐"都是不可避免的，而且是相互转化的。过去许多思想家教导我们，"人"的"本性"是要"趋""乐"而"避""苦"，且不说这种理论的剥削阶级的性质，就一般理智性的人来说，当也有一定的道理，于是，人们要改造自然、改造社会，使人群生活得更幸福。于是人们要"现代化"。然而，许多已有相当现代化程度的社会，并没有真的摆脱了"苦"，生活在那个社会的人常常很惊讶地发现，生活在"现代化"社会中的人，并没有想象的那样"快乐"。于是有许多"后现代"的问题出现。当然，"现代化"是必由之路，只是人们很清醒地意识到，"现代化"并不许诺永恒的"快乐"。"苦"、"乐"都是人的不可分割的存在方式，人世间不是"无菌室"。"病"是不可避免的，所以"医学"也是不可缺少的。"医学"可以控制疾病，但不能在总体意义上消灭疾病，"医学"也不是控制"疾病"的唯一文化形态，"疾病"还需要别的文化形态来描述它、记录它、疏导它。于是"病"、"苦"同样也是文学艺术的内容。

在基本的生活经验中，不全是积极的东西，同时也存在着消极的东西，这个"经验"是一个"全"。胡塞尔可以把"医学"、"法律"、"道德规范"……"括"出去，但不可能在他的"生活的世界"真正排除"疾病"、"邪恶"、"罪过"……的因素。

生活的世界，是一个开放的世界，每个人都具有相当的可能性。我们不是"病人"、"犯人"、"罪人"……，但我们也不是那样纯净、洁白无瑕，人皆可以为"圣贤"，人也皆可为"盗贼"。各种自然和社会科学给出了相当严格的、概念式的"度"，在一定的社会制度和社会体制中，以一定的标准和尺度"叫"此人为"病人"、"贼人"……
但"病人"不等于没有"健康"的时候，"贼人"也不等于没有"善良"
的时候。社会自有法度，科学自有标准，何时戴上"盗贼"的帽子，
就像何时戴上"冠心病患者"的帽子那样，是由警察当局和医院当
局根据法律和科学的尺度作出的判决；但在基本的生活经验里，"人"
具有各种的可能性，艺术的任务就是要将被"科学化"了的各种"类型"
的"人"（社会、医院、科学院、大学……都有划分人的类型的权威
和权力），维持在基本生活的原初性的度上。其实，我们在日常生活
中也常说要"全面地"看"人"，这句话在一定范围内的运用，并不
等于为盗贼开脱罪责，只是不把"盗贼"看成某种"本质"（当然是
"不良的"）的"体现"，因而不承认此人生而必为"贼"这类的想法，
也并不承认此人"本质上"就为"贼"、其"贼"的行为是其"贼"
之"本性"（"贼性"）之暴露（呈现）这类的论断，而是从一个更为
基础性的角度来看人间一切的"病"，并认为从这个角度看出来的"病"
才是真病，而医学、法律……上鉴定出来的概念性、定义性的"病"，
都是从这个"病根"上生出来的。就基本的生活经验来看，我们记
起了席勒讲的那句话：生活是严酷的，艺术是柔美的，这是一种理想
主义的说法。事实上，科学才是最"温柔"的，医学要"治病救人"，
法律要"惩前毖后"，使社会健康起来，而艺术却常常是冷峻的，它
不相信世上有任何药物和手段可以真正除掉那些"病根"。但就"病"
的问题来说，艺术似乎又有一种表面上"悲天悯人"的态度，这种
态度不是"超越"的"菩萨心肠"，而是人世间的"同情"。所谓"同情"，
正因为人人都可能生病，可以与"病人"作一种活生生的、生活性
的交流，而不像医生那样作一种概念性的判断与方案。我能"理解""他
人"的"病"，因为我也生过"病"。我的这种"理解"是和医生对"病"

的"理解"不同的。我不必为"医生"，就能"理解""病"。我这种"理解"，这种"知识"，是"没有医学"的"医学知识"，不是"专业"的"知识"，是一种"没有科学专业"的"知识"。这是基本的知识，是基本的"科学"，也是基本的"文化"。就"病"来说，这种理解、知识、文化当然也可以有"治疗"作用，但不是医学专业的治疗作用，而是一种基础性的、综合性的治疗，其中包括了像精神分析学所依据的治疗原则，因而不仅是生理性的，而且也是心理性的。亚里士多德曾注意过艺术的疏导作用，他在讨论悲剧的效果时，谈到了"宣泄"、"净化"的作用。把"心病""说"出来，也是一种治疗。也许，正因为精神分析学这个特点使得实验心理学始终不愿接纳它进入科学的殿堂，而在文学分析方面的作用和影响，却又曾显得如此声势浩大。精神分析学长期没有离开基本的生活经验，没有"升华"为概念性的理论科学或实验科学，因为它必须保持与"病人"的"对话"，因而保留与"他人"作一种活的交流，尽管这种"对话"和"交流"被竭力引导向概念的、理智的方面，即使"病人"的思想纳入或回到正常的、理智的、科学的轨道上来。

我们看到，正因基本的文化形态是一种综合性的状态，因而，艺术、审美仍是一种文化形态，而不是"非文化"或"反文化"形态。

如今"后结构"、"后现代"派中有一股"反文化"、"反人文"的潮流，实际上，这种潮流在海德格尔的思想中已有契机，在理论根源上是有些人反对"人类中心论"，而海德格尔固执地把"人"叫作"Dasein"，说明他不想把"人"作为他理解的"世界"的中心，也不认为有一个独具"本质"的"人"，"人"只是"诸存在"中之一个"特殊的"（Da）存在（Sein）。所以，海德格尔后期一反《存在与时间》的方向，不从"Dasein"看"Sein"，而要从"Sein"出发，可看出他这种"非文"思想的进一步发展。

基本的生活经验是人的生活经验；生活的世界是人的世界，这当是毫无疑问的事。但是，人又是生活在世界之中，世界养育、支配着人，因而人既不是世界的主人，也不是世界的奴隶，人与其生活的世界，就不是谁是"中心"的关系。"人"不是世界的中心还因为"人"并不是一个"概念"，"人"是具体的、活生生的，"人"分"我"、"你"、"他"，三者亦不能分出谁是"中心"来。"自我"与"他人"是一种交流的、交往的关系，是一种相互制约、相互改变（改造）的关系，而不仅仅是互为"对象"的关系。"我"与"他人"的那种活的、基础性的交往关系，就是诗意的关系，文学的关系，艺术的、审美的关系，亦即文化的关系。

从某种意义上来说，将"他人""对象化"，是一种概念的、科学的、定义的态度；将"他人""绝对化"，则是一种神话的、宗教的、信仰的态度；而艺术、审美则是介乎这两者之间的一种态度。从这个角度引申来看，我们也可以说，人类的文化形态，包括了科学、宗教和艺术三种形态，而艺术则是最为综合、最为基本的一种形态。艺术、审美始终保持着最基础的、最原始的、未经分化的"野性的"思想方式，而如列维－斯特劳斯所谓的，艺术成为人类野性思维的"野生动物园"。

二、艺术与科学

科学把世界看成"对象"，以概念、判断、推理的形式使世界规第三部分艺术作为一种基本文化形式则化、逻辑化。科学以对象性思想方式使主体与客体相分立又相互结合，因而这种方式一方面是很"客观的"，但同时又是很"主观的"。从某种意义来看，科学曾被看作恪守"主体性原则"，但即使在康德，科学也具有很强的"客体性原则"。

科学讲普遍性、必然性，从西方哲学史看，这个特点与人的主体性有关。哲学向科学提出的问题是：为什么原本是各人心中之"感觉"却可以成为具有普遍性之科学判断？即胡塞尔所说的，科学要回答为什么"主体内的"，会成为"主体间的"这一问题。解决这个问题的关键，在胡塞尔看来，在于人生活在同一个世界，有着共同的语言交往关系。然而科学语言的特点正在于它的概念性和定义性，而概念的逻辑规则又离不开人作为主体的制定规则的作用。康德所谓"理性向自然立法"亦即主体自身的制定规则作用。这是一切科学知识之所以可能的逻辑条件。在主体的制定规则作用方面，西方哲学的分析传统为我们做了大量的工作。

科学要把一切都纳入它的概念的系统，从而取消了"我"、"你"、"他"的活生生的区别，"你"和"他"同样成了"对象"，要以概念、判断、推理加以规范。"科学"当然是"人"的方式，但这种意义上的"人"，就没有"你"和"他"，只剩下了"我"，一个将全人类概念化了的"大我"。科学将"你"和"他"统一于"大我"之中，科学的普遍性，是"大我"的普遍性，是无差别的、抽象的普遍性。在科学的原理面前，无分（具体的）"我"、"你"、"他"。

"他"不是活生生的"人"，而是"人"的某种概念、某种类型，"人"被分成"工人"、"农民"、"医生"、"教员"……；"我"也不是"我自己"，而是"大我"，是"工人"、"农民"、"医生"……的一分子。"他"死了，"自己"死了，"人"也死了，这也许正是福柯对那种制度性、概念性思想方式的一种揭示。

概念科学的原则是"死"的原则,把一切都归结为可以分割的"对象"。科学使"世界""自然化",把"(他)人"亦当成"自然"的一个部分看待。甚至在研究"生命"时,仍要通过"死"的方式——"解剖",来把握"生"。科学的原则坚持只有在"死后"才能知"生",只有把活生生的事物"概念化"、"分割开来"、"重新组合"之后,才能认知这个"世界"。这样,尽管科学具有在实际上改变世界的巨大的力量,但它的原则的根据是主体性的、思想性的,而不是生活性的、存在性的;科学的原则是"我思(故我在)"的原则,而"我思"的原则为逻辑的原则,主体立法的原则。

科学这种把"他人"、"世界"化为"死物"的态度,某种意义上又是很客观的,但却又是非常功利的,因为科学背后有个"大我",科学本身只不过是这个"大我"的"工具"。科学使"万物皆备于(大)我",认识世界是为了更好地利用、改造世界。

不言而喻,科学为人类带来了福利。科学要求人们用冷静、客观的态度来对待世界,科学要求"无私",但科学是人类理性的工具,要使自己的工作适合某种普遍的目的,科学以人类的幸福为依据,而对目的和幸福本身的理解和设定,也总是要求在合理性、概念性的指导下进行的。因此,科学虽无"自己"(私),但离不开人类的或作为类概念的"大我",尽管"大我"、"目的"、"幸福"在科学里也是离不开概念性的。科学不但使人的世界自然化,而且使它概念化,因为对象化的自然,只有通过概念的方式才能认知它,并按照人自身的目的改变它,科学把自然现象看成一种必然性、因果性的系列,科学的预见和预测基于概念知识的推理,一切科学知识的必然性,都离不开逻辑的必然性。

科学的学说,当然离不开日常的语言,但科学的语言是概念的、逻辑的语言，因此在科学里"说"与"写"并无原则区别。"说"和"写"在科学学说里没有自身的意义，而只是记号和表达思想的方式。科学永远是思想性的，因为"大我"是"思想性"的"主体"，是"我思"。科学相信，本质只在思想里才能完全表现出来，因此，"我"尽管不是"对象"，但只有"我"才能掌握"对象"的本质。或者如胡塞尔所说的，"对象"对"我""显现"为"本质"，"我""看"到了"对象"的"本质"。这个"本质"是普遍的、必然的，至少科学有权要求人人都必须承认，"在真理面前人人平等"，在"本质"面前，不分你、我、他；地无分南北，人无分贵贱，时无分古今，科学始终保持着永恒的、思想的统一性，胡塞尔说，这样，"主体内"的，才成为"主体间"的，"私人的"成为"公共（众）的"，"小我"成为"大我"。科学的世界固然亦可为人的世界，但却是概念的、思想的世界，"大我"的世界，是理论的世界，而不是现实的世界。

相比之下，艺术却总是执着于我、你、他的本源性的区别，流动于"我"和"他人"之间，生活于现实的世界之中；艺术的原则是生活的原则，是"活的原则"。

艺术、审美的最基本的前提，是坚定地承认"他人"和"我"一样，同样是"活人"，是有思想、有感情的生活中的人，不可能把"他人"归结为"我"的"对象"，"我"必须在同一个层次上和"他"打交道。"他人"是不可能用"概念"来穷尽的，就像"我"清楚地知道，不可能用一个属类的概念限制"我"自己一样。"他人"是不可限定、不可定义的。"活生生的人"不仅仅是科学知识的对象，因为知识"对象"，原本是知识原则本身建立起来、"我"建立起来的；但"他人"却不可能是"我"建立起来的，恰恰相反；"我"倒是"他人"建立起来的，因而从根本上来说，不是科学建立了生活，而是生活建立了科学。"他人"对科学知识来说，常常是一个"秘密"，一个"界限"；艺术则就是在那科学的"秘密"和"界限"之中。

然而，我们必须承认，作为一种基本文化形式的艺术，同样也具有一种普遍性。我们常说，科学讲概念的、抽象的普遍性，而艺术则强调个性的、具体的普遍性。艺术的普遍性就在个性之中。这当然是正确的。这里所要进一步强调的是艺术中的具体的普遍性并不是科学中的图例，因为"图例"本身是抽象的，它说明、指向一个确定的、定义性的概念，而艺术性的绘画则不受这种概念的限制，因为生活本身并不受这种概念的限制，"他人"不是"我"的概念的"外化"或"例子"；"图例"是"死"的，而"绘画"是"活"的。

然而"绘画"却是供人观赏、让人理解的，正像"他人"可以为"我"所"理解"一样。

现今西方的解释学对这种非概念性（又非感觉性）的"理解"作过不少的探索和发挥，其宗旨在说明解释学所说的"意义"不同于"概念"的"意义"，而是一种"活的价值"，这种"价值"永不能归结为"概念"。解释学的问题在于：这些价值和意义仍然可以理解为"思想性"的；尽管伽达默十分强调它的"存在论"的方面，但它们自身的"超越"性，使之不容易恪守"存在论"的立场，因而摇摆于海德格尔与胡塞尔之间。事实上，这种"意义"和"价值"当在哲学上的"知识论"和"存在论"分化之前业已"存在"，因而是在"没有任何'论'"的条件下的一种交往和交流。"我"与"他人"在实际的生活中"交往"，在实际"交往"中"理解"。因此，从根本上来说，艺术不仅是精神性的，不仅是一种意识形态性的，而且也是一种实际的生活方式。艺术不仅仅是后来分门别类的各艺术部门，正像知识不仅仅是化学、物理学、数学等等一样。艺术不仅是生活的"反映"，同时也是生活的一个部分。艺术不仅以"视"、"听"二官来"理解"世界，而且以人的全部的感官、全部的感性存在来"理解""世界"。

"视"、"听"二官一直被认为是最为文明的感官，因为只有它们能被抽象化成为从感性向纯理性过渡的桥梁。"语言"是"说"出来的，"文字"是"写"出来的，它们都可以被利用成一种本身无意义的、任意性的"记号"，而"听"和"看"只是注重那些内容和意思，所谓"得意忘形"。胡塞尔说，"说"，总要"说"点"什么"，重要的不是在"说"（的声音），而是在"什么"（的内容）。这在科学性、概念性的知识中，当然是有道理的。但是，在实际的生活中，在活生生的"交谈"中，则这个"什么"和"说"本身的方式则是不可分的，说什么和如何说是不可分的。同样一句话，在不同的人、不同的场合，其内容（意义）是可以很不相同的。艺术则努力保存这种"说"与"什么"的原始的统一性，而将生命力还给视、听二官。于是我们有诗、音乐、舞蹈、书法等等。

视、听二官长期以来最为服从"理性"的支配，而其它的感官就不那样的"听话"，不易受理性的机巧驯服为一种工具性的记号，于是触觉只是在雕塑、建筑等艺术中通过想象和视觉联系起来，而烹调在艺术中的地位，则始终不大容易确定。

作为对这种传统见解的反动，西方有些作家起而鼓吹以整个身体来"理解"世界，"理解""他人"，与"他人"的"交往"，不仅仅是"思想的交流"，不仅通过语言、文字，而且通过整个的身心。为了反抗西方"视觉文化"的偏颇，有的作家以在黑暗中的感受来体现一种最高的"理解"。以整个身心来"理解"世界，并不是一种"本能"的"革命"，因为人的身心的结合恰恰是"文化"的产物，而并非单纯"本能"的产物，并不是本能规定人的文化，恰恰相反，是人的"文化"规定了人的"本能"，才使人的本能不同于动物的本能。科学是使"人"的"本能""革命化"的手段，使人的动物性的本能调节成适合自然和社会的要求和规则。艺术和审美则本来就在人的生活方式这个基本的维度之中，也在经验的、文化的维度之中，而不在"本能"的维度之中。

艺术作为一种基本文化方式不是单纯的，因为只有"抽象""概念"才是"单纯的"；艺术是综合的，因而是经验的。"经验"本身具有一种"秩序"、"规范"、"调节"和"积累"的意思，因而艺术与知识是一致的，艺术是存在的形式，同时也是知识的形式。艺术不仅需要身体的活动，同时也需要语词的概念，艺术是可说、可写的。这样，视、听二官成为艺术的主要感官，也并不完全是"理智的机巧"。

前面提到，康德指出，"花是美的"与"花是红的"采取了同一种判断形式，审美判断同样是一种判断。一切价值判断都与科学判断在形式上并无区别，现在的问题是，如何在意义上来区分这种判断。

过去我们认定，"红"是客体的一种属性，而"美"则是一种"价值"，价值判断采取陈述判断的一种形式，因而"价值"可以看成一种"类（似）属性"。"属性"是客观的，"无我"的，而"价值"是主观的，"有我"的。这是一种比较表面的说法。"价值"固然与"人"的主体（观）性有关，但"属性"又何尝不是科学的主体（观）的一种表现？这些从现今流行的某些"后现代主义"观点看，属于"人类中心论"。不错，"属性"是为"无我"，但无"小我"，而有"大我"。所谓"大我"，即作出判断的"我"有权"迫使"听到、看到这个判断的其他的人，也像"我"一样，"认同"这个判断。于是"他人"也是"我"，是谓"大我"。如何"价值"（美）这种判断和"属性"（红）就有所不同：在"花是美的"这句话中"小我"并未被"大我"所完全"消融"，而仍隐存在"大我"之中，即在科学性判断之中蕴含着个性的、"自己"的具体思想感情。于是"花是美的"这句话虽然也有普遍性的形式，但却承认"他人"同样是"自己"，而不是另一个"我"。"我"说"花是美的"固然也有权"要求""你"、"他"与"我"认同，但却无权"迫使"别人认同，而这句话没有逻辑的和客观的强制性。对于"花是红的"这句话如果看法不同，可以并应该争论个"水落石出"，但对于"花是美的"这句话，如果发生分歧，则双方都有权保留自己的不同的判断，所以才说"谈到趣味无争论"。并不是说，趣味（判断）真的没有争论，而是说，双方都并没有逻辑的和客观的强制性使对方放弃、改变自己的判断。趣味（判断）只有高下、雅俗之分而没有对错（狭义的）之分。

　　起初，逻辑实证主义、维也纳学派的某些元老，如卡尔纳普等，曾用审美判断（趣味判断）不能由客观实际和逻辑来检验其对错而认为是"无意义的"；后来，由于审美判断毕竟是大量存在的，如何理解这种类型的判断的特殊"意义"是不可回避的，所以有一批当时比较年轻的学者开始放宽"意义"的尺度。他们认为，"花是美的"和"花是红的"一样，同样是"有意义的"，但它的"意义"与后者不同。"花是红的"说的是"红"是"花"的属性之一，而"花是美的"这个判断就等于说，"我觉得这花是美的"，或更进一步，"花使我感到愉悦"。说"这花是美的"与"我觉得这花是美的"其"意义"相同，但说"这花是红的"与"我觉得这花是红的"其"意义"就很不相同。譬如，我们在听了一场音乐会说"音乐是好的"，并非指乐器、声音、指挥和演奏的人是好的，也不是说音乐厅、它的座位、灯光……是好的，而是说"这音乐使我感觉很好"，"音乐使我愉悦"。这是当年西方一些比较开放的青年学者的看法。但我们要说的是，"花"和

"音乐""是美的"并不能等同于"我感到花或音乐好",即"花或音乐使我愉悦"。审美判断或审美语句不仅仅是主观感觉的描述,因为这种描述只能作为知识提供给别人,只能要求别人"理解"这句话的语词意义,而不能要求别人有同样的"感觉";审美的判断并不是私人的感觉的描述,而同样也带有公众的性质,它像知识判断一样,要求对方的认同。主体的感受性并不能真正区分审美判断与知识判断,因为一切描述主体感受的判断都可以通过某种途径和手段来检验它的真假,如一切医学、病理学、生理学、心理学上的判断和诊断都有这种性质。"我头痛"这句话在日常生活中是一句主体感受性语句,听者只需懂得语词的意思,作出适当的反应;但这句话如果对医生说,则可以并需要通过科学实验的手段来检查原因,因而可以判断其真假。审美判断当然包括了这种主体感受性的知识上的因素,对于"愉悦"和"厌恶"……这类的情感,可以用科学的手段来鉴别和控制,这对于艺术的实际工作,如剧场效果、服装设计、面部化妆、乐器音响、色彩调配……都有很大的关系,但审美判断又不能归结为这种主体感受性判断。"花是美的"大于"花是(令人)愉悦的"。

向医生诉述的"我头痛"是一种知识性语句,它传达的不是"痛"的感觉,而是"痛"的"意义",医生不能通过"痛"与否来判断这句话的真假,因而这句话仍是公众的,普遍的。维特根斯坦说,语言都是公众的,不是私人的,这个意思在科学知识里,当然是确切的。然而,在审美的、艺术的境界中,一切语句都带有"私语"的意味,这种语句的形式是公众的,但内容却离不开私人的、"小我"的。"花的美"离不开"人的美",或者是因"人美"而"花美",或者是因"花美"而"人美";但"人"是一个具体的、社会的存在者,没有抽象的、大写的"人"。我、你、他都是具体的,不是概念的。"人"的普遍性不存在于它的概念之中。"物以类聚"是物理自然的概念,"人以群分"是社会伦常的概念,而活生生的人则是个体的"群","群"在"个体"之中,"个体"也在"群"之中。"花是美的"这句话和"我自己"的生活经验分不开,而"我自己"的生活经验是独特的,任何别人代替不了的。因此,"我"在说"花是美的"这句话时,总是带有一种"小我"的"私意"。这种"私意"并不是生理性的(如"痛"……),而是生活经验性的,"我"不能把这种"私意"传达给别人,就像我的"痛"不能传达给别人一样,但"花"的"美"却可以使"你"、"我"、"他"都真正"感到""美"。于是,审美和艺术中似乎就出现了一种在知识和科学中很奇怪的现象:似乎是"私人"的感受,却可以具备普遍可传达性。于是,"花是美的"是一句典型的"私人语句"(私语),既具有语言的普遍形式,又具有私人感受的具体内容。我们是几乎带着我们的全部生活经验的感受来说"花是美的"这句话的,而听的人也同样带着他的几乎全部的生活经验的感受来接受这句话,因而言者与听者虽"认同"这句话,但各自所体会的具体"意义"却又是不同的。因此,听懂"花是红的"这句话,基于语词、概念的共同性,检验这句话基于感觉的共同性,只要不是色盲,都可以作这句话的"见证";但检验"花是美的",则需要生活经验的具体的可交往性,汲汲于功名利禄之徒看不到"花的美",不能作"花之美"的"见证人",是因为他的生活经验与艺术、审美没有多少可交往之处。世间有一些"色盲",也不乏"美盲"。

从这个意义上说,审美判断同样是一种文化性的判断,有教养、有趣味的人,被认为是有文化的"高人雅士"。然而,审美判断所要求的是一种基础性的、本源性的文化,而且始终保持自身在这个基

本的、原初性的度内。海德格尔说"科学"不等于"思想",伽达默
发挥说,"科学"不等于"教养",都是看到了这当中的区别。

现代的"逻辑哲学"把"审美"、"艺术"看成是"逻辑"的一
个分支,有"价值逻辑"和"习好逻辑"等,认为"审美判断"(以
及"道德判断")是在一般的逻辑语句的基础上派生出来,是逻辑语
句的一种"应用"。这种安排,对于分析性的思想体系来说,当然是
合适的。它有点像黑格尔的"应用逻辑",当然黑格尔是把"艺术"
放在"绝对逻辑"中的,因而他的思想不完全是分析性的。这里我
们想指出的是:这种安排,如果换一个角度来看,很可能需要颠倒
过来:在基本的生活经验中,判断大多不是形式的、逻辑的,而是
可以带有情感色彩的,因而可以被理解为审美性的、艺术性的、诗
意的。

在日常的、基本的、原初性的生活中,一切的客体的"属性"
都可以带有主体的"价值"的特点。"红"自是客体的"属性",但
"太红"则有"价值"在内。我们前面说过,"花的美"就在"花的
红"之内,并不是凡艺术性、审美性判断都要加上一个"美"字,
而我们应该看到,一切的语句、判断、陈述……,都可以是审美的、
艺术的、诗意的。艺术不必寻求或建构另一套语言和文字,因为语
言和文字就其基础性意义来说,本就是艺术的、诗意的,而科学的、
知识性的语言,正是从这个基础上派生出来、抽象出来的。从这个
意义说,我们看到,艺术不需要寻求、创造"另一套"特殊的语言,
相反,科学有时倒是要有一套不太等同于日常语言的"科学语言"——
包括科学的符号、公式等。但一切被现今认为科学的、知识的语句,
都可以"还原"为艺术的语句。物理学家的"中子"、"质子"……
可以在某种特殊的方式下成为"审美的对象",而数学家的数字、方

程式，甚至逻辑学家的各种符号、公式，也未尝不可以作"审美观"，只要这些"专门家"，不仅仅作为"专门家"，而且也作为普通的、现实的人来对待他们的"工作"，则这些"工作"——各种的"学"，各种的"数"和各种的"符号"、"公式"，就立即显示出它们的"诗意"来。

我们看到，无论科学知识如何普及，"红"对日常的、经验的人来说，都不仅仅意味着是一种"光谱"。"红"作为光谱的度来说，是相当确定的，但生活经验中"红"的"意义"却是多层次的。我们虽然不必像海德格尔那样坚持"斤两出，重量失"而说"光谱出，颜色失"，但这二者的区别的确是应该承认的。在计量化的光谱中，"红"只保留一种"意义"——科学的、知识的意义，而"桃花"、"人面"这类的联想就隐退了，但这种"联想"也并不需要分析"桃花"和"人面"的光谱之后才有的。

在这个意义上，我们愿意引用马克思在评论弗·培根时所说的意思，即那个对我们"微笑的"、"带有诗意的""感性世界"，是培根的科学工作的基础。我们的基本的生活经验的世界本就是一个诗意的感性世界，当它对我们"微笑"时，它或许是"美"的。

就科学知识的眼光来看，诗的语句是"朦胧的"、"多义的"，因为它不可能归结为可定义性的概念，而包含了个体的、小我的生活经验。这样，科学的语句需要"论证"，而诗的语句则需要"解释"，"论证"是逻辑的、分析的，而"解释"则是经验的、综合的。

所以"解释"，包括了"我"与"他人"交往中得来的"经历"，因而需要"解释"的，就不仅仅是"语句"在语词上的"意义"，即"语义学"所指的那种"意义"，"解释学"大于"语义学"；而且也不同于扩大了的"语义学"——"记号学"（符号学）。就语词"意义"而言，需要"解释"的是与这种"意义"不同的"另一种""意义",因而美学(美的哲学)的思考重视一切"语义学"和"记号学"的研究成果,因为它们的基础为:"一种东西""意味着""另一种东西";但就"解释学"本身的"意义"来说,诗的语句与诗的意义则是"同一个东西",并不要从它自身之外另寻"意义"。"诗意"就在"诗"之中。

科学的"论证"包括了"证明"与"证实"(或"证伪"),因为科学是概念的体系,因而一方面需要逻辑性的证明,另一方面需要实际的证实,前者为概念之间的同一性,而后者为概念与对象之间的同一性。科学是逻辑的、实证的;艺术则是辩证的、生活的,因此,比起科学来说,诗具有更多的"哲理性"。

诗是一个"全",所谓"具体而微"。每一首诗都是一个世界,"麻雀虽小,五脏俱全",以一滴水而见大干世界,是诗人的"手法",也是基本的生活体验。一切科学的语句当然都可以"入诗",但诗的语句却不能完全用科学语句的标准来衡量,它有时是不可或不需证明、不可或不必证实的。诗人虽然不需故意非违反科学知识不可,但尤其在科学已很昌盛的现代工业化社会,诗人和艺术家为了显示自己的特殊性,有时故意要"反其道而行之"。诗的语言允许一切语言的机巧:隐喻、换喻、矛盾、隐晦、背理、虚构、夸张……,甚至,有的诗以科学的眼光来看,竟然是近"梦",近"痴"。

"诗"和"梦"都因为"无定解"而"需要"("缺少")"解释"。诗和梦的"意义"都不可能从诗和梦中"抽象"出来成为"概念",因而不可能像科学语句的概念体系那样"清楚"、"明白"。"梦"中的"话",本是"我"自己说的,但"我"自己却往往不懂这些"话",似乎"我"在替别人"说",说的是"别人"的"话"。"我"似乎只是一个"传达者",但"我"又是"言者"。"我"说这些"话"并不一定要先"懂"了再"说"，往往似乎是"说"出来以后再去"领会"它们，而这些"话"有时却竟是"我"的真正的"心声"。因此，"我"并不是"传声筒"，而是真正的"言者"。"我"不是"大我"，而是"小我"、"真我"。当"我""醒"来时，"我"作为"大我"还要来"解释"、"理解"、"弄懂"这些"话"的意思。"我"写的诗句，"我"自己也要去"念"、去"体会"、去"理解"。"我"自己写的"诗"，或许"我"并不真懂，而"别人"可能比"我"更懂"我"的诗，正如"我"并不"懂""我"自己的"梦"，要别人来加以"解释"。"我"并不是"解释""我自己"的"诗"的"权威"。"他人"是"我"的"心理分析学家"，不过，这个"心理学家"并不一定要把诗纳入科学（心理学）语句的规范，而是以"自己"的生活经验去加以体会，加以"补充"，加以"阐发"，因而他的"解释"本身又可以是"诗意的"。"他"在"读""诗"，"吟""诗"，同时也在"做""诗"。"吟诵"别人的诗和"吟诵"自己的诗在诗的层次上是相同的。

这样，念诗不等于念教科书，但我们都称作"读书"。"教科书"并不是最原初的书，人最早"读"的不是学科意义上的教科书，而是天、地、人这本大书，是"天书"，是"无字的书"。这本"书"原就是"诗"，是充满了诗意的感性世界。我们从这个世界"学得"了最初的、最基本的"知识"，我们依恋着这个世界。这个世界不是冷冰冰的"对象"，而是"微笑着的"，我们对这个世界充满了"感情"。我们"欣赏着"这个世界。事实上，从中国传统的文化来说，即使是比较严格意义上的"教科书"，如《三字经》《百家姓》《千字文》等等，大（或文字）的形态，后者为实际的形态，因为科学认为"语言"为"思想"的表现，因此这种区分，不妨理解为"思想"和"实际"两种形态，因此，尤其是最近一个时期以来，人们将科学与技术作了适当的区分，而事实上，这种区分从亚里士多德开始已经逐渐明确了。从一般意义上看，"艺术"也可以作这种区分。"诗"是"语言"的，而"艺术"则侧重实际的。然而，作为一种基本文化形态，作为一种基本的生活经验来看，"思想"和"实际"是不能分开的。"诗"与"艺术"是一个意思。

古代希腊语中"诗"原有"制作"的意思，而现代西方语言中"艺术"来自拉丁语"技术"，而希腊语中"技术"则是另一个字。这样，现代与"科学"相对应的，即为希腊语"技术"一词，但事实上"科学"一词的来源为拉丁语。中国的语言中，"诗"从"言"，但却也是"做"出来的，不光是"说"出来的。"文学"也是"做"出来的，所以叫做"作家"。"做"和"作"都是实际性的，而不仅是思想性的，因而都要求一定的实际的"技术"——"技巧"。

"技术"是指实际的"操作"能力，需要反复的锻炼，"熟能生巧"，是"时间"性的过程；科学上的"技术"则是把本是无时间性的概念体系转化为时间中的实际结果的能力，因而科学上的技术是受确定的"概念"支配的，为一定的"目的"服务。在这里，起主导作用的仍是科学的"主体性原则"。艺术的、审美的、诗的"技巧"则是一种基本的、本源性的技术，按海德格尔的说法，是"使存在显现出来"的一种能力，这种能力是存在性的、诗意的。能工巧匠们利用了建筑材料中的"石头"的"坚硬"，但在建成之后，却使"石头"隐埋于"房屋"之中，而"坚硬"却更加突出地表现出来。这种基本的技术，原是一切科学技术——包括如今的"高科技"——之母，而使一第三部分艺术作为一种基本文化形式切高级的科学性技术，无不可以作"艺术"观。

《庄子》中有"庖丁解牛"的故事，"游刃有余"成为艺术技巧的高级境界，而实际上这个故事说的不是后来严格意义的艺术上的事，而是解剖方面的事，所以能为艺术所用，是因为在基本的经验中，"科学"中的"技术"和"艺术"是相通的，庄子说的是一种基本生活经验中的"技术"，是从生活的角度来运用这则"解剖学"知识上的技术的。事实上，正如一切的科学判断和语句都可以作审美判断和诗的语句来看一样，一切的科学性的技术都可以"还原"为基本的、生活的诗和艺术的技巧来看。

海德格尔说，"技术"是"协助"把"存在"显现出来，因而不是把人的主体性的概念、目的加诸世界，使世界"增加"点什么，而只是使"世界"的"意义"和"意义"的"世界"自身"显示"出来，"美之花"并不比"红之美"多出任何什么"属性"来，人类的"技术"只是起到苏格拉底所谓的"助产婆"的作用。"自然"通过"人"的"技巧"显现自身。于是，"大匠"的工作被誉为"巧夺天工"。艺术使"自然""世界化"，并不是使"自然"成为"不自然"，而是使"自然"更加"自然"。"大匠"使自己的作品不落"人工""斧凿"的"痕迹"，人的"痕迹"本随着"自然"本身的"痕迹"而运行，所以"大匠"作为"人"，每每"功成而身退"，是为"大匠"而"无匠（气）""大智者"若"愚（无智）"。"技巧"使"主体性"的"人""隐去"，而使"自然"作为"世界"自身向"人"显示出来。正因为这样，"人"才能从那荒无人烟、并无工匠经营过的自然中也能领略出艺术的、甚至是很高级、很强烈的诗的意境来。

大匠的技巧，迫使"人"回到"自然"，归于"平实"，而不是使"人"的主体性、"人"的"主观战斗精神"无限地膨胀下去。诗人的技巧，不是使"人""出人头地"，不是使人"出世"、"超越"，而是把"人""拉"回到现实的世界中来，并牢牢地迫使他固着在那活生生的生活之中。

"人""技巧地"制作着，也就是"人""自然地"制作着，"庖丁解牛"，如"牛""自解"，把"牛"的那些"自然"的"关节"显现出来。"解牛"成功之后，"庖丁"并无半点"痕迹"。"庖丁"要"自然地""解牛"，必先熟悉牛的各种关节，"庖丁"对"牛"的"理解"和"技术"都是"模拟式的"，这是列维－斯特劳斯的文化人类学的一种说法，他认为"野性的思维"就是这种"模拟式的"。

于是，作为"野性的思维"方式的保存者——艺术，也就有"模拟（仿）"问题。

任何知识都离不开"模仿"、"模拟"，原始的知识起于一种原始的"模仿"、"模拟"，因为最初正是在概念性知识未能达到的地方才有"模仿"。人类最初的"模仿"是"模仿""他人"，而"他人"不是概念所能限制的。"他人"是"活的"，对于"活东西"，我们只能设身处地地"模拟"他的"活动"，才能"体会"他的活的思想感情，于是最初的"诗"都带有歌唱表演的性质，"叙事史"早于"抒情诗"。对于"死"的"自然"，我们可以用科学性、概念性的"实验"把它的某些部分"复制"（制造）出来，以检验我们的知识，说明我们"懂得了""它"；对于"活生生"的"人"，我们只有把他们所做的"事"在一定条件下"重做"一遍，才能说"理解"了"他"。"重做"就是"模仿"、"模拟"，而这里就需要"技巧"。"模仿""自然"的"技巧"就像"自然"自己显现自己一样，"模仿""他人"的"技巧"，则像"他人"自己表现自己一样。于是，从艺术的眼光看，"技巧"使"自然"有生意，而不归结为"自然科学"的"对象"，也使"他人"有生命，而不归结为"社会管理学"的"对象"。艺术的技巧是活的技巧，使我们的"世界"更加"生意盎然"。

三、艺术与宗教

我们译成"宗教"的西文来自拉丁文，含有对神圣的东西的"敬畏"、"考虑"之意，按费尔巴哈的解释，这个词原指人与人之间在情感上的关系。我们这里取"宗教"的最为广泛的意义，包括了巫术等诸种迷信在内，虽然在近代意义上，"宗教"与"迷信"是有区别的，而就道德观念言，"宗教"是向善的，而巫术则常与恶相联系——中国传统观念中亦有"神"、"鬼"之别，虽然并不排斥有"好鬼"和"凶神"，但作为一种在基本的生活经验中出现的现象来说，它们有基本的共同点，因而我们一般总是把与科学相对的那种思想方式和态度，叫做"宗教"。

"宗教"被说成是"超经验"的"彼岸式"的思想方式，实际上仍然是由人的基本的生活经验产生的，因为表面上看，"宗教"之所以产生，是因为"人"（的经验或科学知识）之"有限性"，但实际上这里的"人"，只是"（大）我"，"人"的有限性，实是"（大）我"的有限性，因而"宗教"的根源在"人"——"我"的"彼岸"，在"他人"。"宗教"的"彼岸性"在于"他人"的"彼岸性"，在科学概念的"彼岸"，但却仍在基本生活经验的"此岸"，所以一切"宗教"的"思想"和"学说"也都是"人"的"思想"和"学说"，"神"（鬼）都是人"创造"出来的，如法国的列维纳斯所说，"神"是"他人"的"绝对化"。

我们前面说过，"科学"以主体概念化原则，使"世界"成为"我"的"对象"，从而使之成为"我"的"工具"，成为"我"的一个"部分"，即使"世界"成为一个"大我"；但科学这种概念化、逻辑化的方法有其自身的局限性；最为明显的是"他人"不可能归结为"我"的一个部分，而保持另一个"自己"的独立性。"我"不可能将"他人"

从概念上"对象化","他人"永远与"我"相"对",永远是一个"活的对象"。中国语言以"主"、"客"来说这种关系,有其确切的一面。"主"是"人","客"也是"人","客"外在于"主",永远是个"客"位。"主"、"客"当可"相知",但他们互相之间的"了解",不是科学性、概念性的,而是实际性、交往性的,因而它们之间的关系,又不完全是"对象性"的关系,他们是"朋友"。"朋友"之间的关系,首要的不是科学性的,而是伦理性、道德性的,所谓"相知",是为"知己",是要在实际的时间中、实际的接触中形成的"知",而不是由科学概念体系"介绍"出来的"知"。"他人"是"活的",对"他人"的"知识"也是"活的""知识"。

这里所谓"活的",并不是生物学上的意思,而是哲学上的意思,即"存在论"、"知识论"上的意思,这种意思只是指:"活的"即是"自由的"。"我"是"活的"、"自由的","他人"也是"活的"、"自由的"。

"自由"首先是"他人"的"自由"。在"我"意识到"我""活在世界上"之前,"我"首先意识到"他人"是"活着的"。"他人"的"生活"是"我"的"生活"的前提条件,这个条件不光是逻辑的、思想的,而且是历史的、现实的。"他人"抚养着"我",教育着"我","他人"是"善意"的,是"朋友";"他人"也"限制着""我","危害着""我",所以同时也可是"恶意"的,是"敌人"。"敌""友"、"善""恶"都是"他人"的"自由",于是"他人"对"我"是有"恩"、"怨"的。凡活着的人都可与我有这类的关系,可以是"朋友",也可以是"敌人",在我们生活的基本的经验世界里,道理和区别似乎就那样简单。

康德的道德哲学,设定了一个绝对为善的"理性",它的"命令"永远是"善"的;但实际上"他人"并没有一定的必定性来"施恩"于"我","恩宠"之所以为"恩宠"正因为"施恩者"是"自由"的,而在任何情况下，"他"都可以作出另一种选择。"恩宠"是"指望"不得的。这样，从康德的道德、实践理性的绝对命令，发展成费希特的"大我"，就是很符合逻辑的。"义务"本是社会的、科学性概念，因此士兵有士兵的"义务"，工人有工人的"义务"——"义务"即"本质"。依此逻辑推论下去，作为理智种属的最高层次——"人"的"概念"、"人"的"本质"、"人"的最高的"义务"，则是一道最高的"为善"的"命令"。"执行"这道"命令"之所以是"自由"，是因为"理性"听从"理性"自身的召唤，而不为感性欲求所左右。因而，在康德哲学中，"自由"为形式的、概念的，是逻辑推论（悬设）出来的。

事实上，"人"的"自由"是最为现实的东西，因为"人"的"现实"首先是由"他人"组成的"世界"，"他人"是"自由"的，因此"世界"是开放的。"我"（或"大我"）的"自由"是形式的、思想的，而"他人"的"自由"则是实质的、物质的，"他人"的"自由"对"我"来说，表现为一种可能的、开放的"物质的力量"。"自由"的"物质"力量，就是"活"的力量。这就是胡塞尔的学生马克斯·舍勒在批评康德形式主义道德学时提出的一种"实质性道德学"的观点。

"活的力量"不仅仅是"命令"、"评价"、"判断"，而且是"现实"、"生活"、"实际"，不是"超越"的，而是"经验"的，而且是人人都能经验得到的。"我""体验"到"他人"的"活的力量'"，并不是从"我"自己的"内心"中"比附"出来的，而是"他人"实际地表现出来的；正因为"他人"可以"自由地"对"我"施加某种（有利或有害的）"物质力量"，"我"同样也可以按照某种尺度作出"我"自己的选择，迎之以某种"物质力量"。"我"的"自由"是"他人""教"的，也是"他人""逼"出来的，"我""内心"的"自由状态"和"意识"正是"他人"所显现出来的"自由"的一种"比附"。不是"我"将"他人""大我"化，恰恰相反，正是"他人"将"我""人"化——"他人"化。不是"他人"为"（大）我"的一分子、一部分，而是"我"为"他人"的一分子、一部分。

"他人""笼罩"着"我"，"他人"的"活的力量"的升华和绝对化，就成为"神"和"鬼"。"他人"的绝对化，也就是"活"的原则的绝对化，是一切广义宗教思想在现实生活经验中的根源。

由此可以看到，宗教和科学都是一种抽象化的产物："科学"是主体性"我"的抽象化，是"死"的原则的"绝对化"，而宗教则是客体性的"他"的抽象化，是"活"的原则的"绝对化"；科学是永恒的"死"，宗教则是永恒的"生"，二者都是"永恒的"，但"人"，现实的"人"，恰恰只是"暂时的"、"有限的"。"死"为"自由"的丧失，为不自由，一切都归于必然，所以"认识了的必然为自由"是科学思想的信条；"生"为"自由"的获得，"人生而自由"，但这种"自由"又首先是作为"他人"而存在，"我"的"自由"是"他人""分与"、"授与"的，因而是受限制的，"他人"的"自由"大于"我"的"自由"，因此对"他人"的"敬畏"和"膜拜"，是一切宗教思想的基调。

"他人"的自由，意味着"我"的自由，"我"只有在"他人"中才有自由，只有"他人"活着，"我"才活着；但"他人"的自由又意味着"我"的"自由"的限制，"我"的自由是有限的，不是无限的、绝对的。"他人"对"我"的限制也表现为一种必然性，"活的必然性"则表现为一种"命运"。"死的必然性"可以用概念知识体系来掌握，"活的必然性"则必须在实际的生活经验中体验出来。"知命"并不是说有一种关于"活的必然性"的概念式的知识，"知命"为"认命"，是生活中的一种"承认"和"肯定"，"承认""他人"

的自由大于。"我"的自由，因而决定着世界的进程。因此，所谓"乐天知命"实为。"我"的"自由"的放弃，是一种"无自由"的生活，而"无自由"的生活又是一切宗教生活的基本特征。

这样，所谓宗教的世界，是一个信仰的、信念的世界，而不是知识的、概念的世界。这两个世界以及与其相关的生活方式和思想方式在我们基本的经验生活中是纠葛在一起的，而艺术则是这种纠葛和结合的产物。

艺术活动与宗教活动的关系，是许多学者感兴趣的题目，在实际上，正如一切科学知识和实际的活动都可以作艺术活动来看一样，一切宗教活动也都可以从艺术的角度来看，因为它们本来都在基本的生活经验之中，而为基本的区别和本源性的度。

宗教与科学都意味着一种"自我"的克制，但科学是克制"小我"而使之化为"大我"，宗教则是克制"小我"而使之服从于"大他"。"大我"可以是概念的、理论的，也可以是实践技术的；"大他"可以是"超越的"、"思想的"，也可以是"现实的"，前者为信念和学说，后者为巫术和仪式。在科学中，"他"是"我"的工具，而在宗教中，则"我"为"他"的工具。巫术的世界，是第三者的世界，当"我"不能影响"你"时，则以"法术"召唤"第三者"来影响"你"。"我"和"你"都共同面对着一个"他"，"他"不仅支配着"我"也支配着"你"，"我"和"你"都是现实生活中的有限的活人，而"他"却是大于"我"和"你"的"永久性"的"活人"——"神"或"鬼"；"我"和"你"是对等的，但"他"却是高于"你"、"我"的。术士、巫师固然"无我"，而只是"神"或"鬼"（他）的"代表"或"化身"；即使要想影响"你"的人，也并不以"自我"为中心，而是战战兢兢地听命于"他"，所以巫术固然也讲"应验"，但并不像在科学里以实践为检验真理的标準，尽管巫术的"应验"是极其偶然的，但人们仍然在很长一个时期内驱赶不了对巫术的迷信，而且认真地以一次性极其偶然的巧合作为普遍"应验"的"证据"。正是因为在这种思想方式中，概念性、主体性的"目的"并不占中心地位，而偶然的"奇迹"则是"绝对自由"的"他"掌握"你"、"我""命运"的关键。巫术的亿万次的失灵，并不动摇"他"的"权威性"。"他人"这种权威性有时表现为"自我"不能控制的现象，即"自我"的正常理智不能清醒地意识、掌握的现象，但又并不完全是一种动物性情欲的发泄，因而在表面上表现为"理性"与"非理性"的对立，但实际上这种"非理性"并不是"动物性"，有时甚至是"他人"的"理性"对"我"产生的一种强烈的支配力量，如"他人"（神、鬼）驱使来表现某种意欲和做出某种行动，因而是一种不同于科学理智的另一种"理性"，而对"自我"来说，表现为"迷狂"。

在艺术活动中的"迷狂"现象，是古人早已注意到了的。宗教活动中的"迷狂"到艺术活动中淡化为"灵感"。"灵感"是一种"不以自我意志为转移"，而为"他人"所支配的一种创作活动，实际上是"他人"、"社会"、"历史"……对"自我"施加影响，由经验积累而形成的一个思想上的突破点。"灵感"表现为"如鲠在喉"，不能自已，非表现不可的一种境地。这被柏拉图判定为艺术创作的上乘，而贬低他所谓"模仿"的艺术。

柏拉图不是非理性主义者，但他的"理念"论却也不是一种表象性的理论。所谓"表象性思想方式"，即把世界当作静观的"对象"，从"表象"、"概念"的方面去把握它，这种思想方式，被柏拉图批评为"影子的影子"，而并非真理的世界。柏拉图的"理念世界"不是这种"影子的世界"，不是"模仿的世界"，而是实实在在的、真实的世界。真、善、美就在这个"理念世界"中。"理念"不是科学的"概念"，不是抽象的、静止的，而是生动的、活泼的；一般人看不到这个世界，不是因为它太暗，而是因为它太亮。柏拉图的"洞穴之喻"说明他认为，只有在"猛回首"的质变点上，人才能被"理念"的光亮所照耀，事物才露出自己的"原形"——真面貌。柏拉图的"理念世界"不是"自我"的"理念"所建构起来的，不是"我的"，而是"他的"，是"我""看到"的世界；"世界"被"看到"，这个"世界"就是"他在的"，有时只有把"自我""抑制"下去，这个"他在的"世界才向"我"显现出来，"我"才能"看见"这个世界。"灵感"或"迷狂"正是这个真实、理想世界的催化剂。

　　然而柏拉图美学把"灵感"与"模仿"对立起来，已是希腊哲学性、科学性思想方法比较发展以后的事，按照波兰美学史家塔塔尔凯维奇的意见，古代希腊"模仿"最初是"音乐"、"舞蹈"中的现象，是"人"对"神"的"活动"的"模仿"。塔塔尔凯维奇这一很有意义的研究成果说明了"模仿"在艺术活动中带有"表演性"——这种情形，一直到亚里士多德的《诗学》残篇，我们还可以清楚地看到，亚里士多德的"模仿"，主要是指戏剧表演的动作和对话。

　　"神"是虚构、想象的产物，本是无从"模仿"的，但因为这种虚构和想象的根源在于"他人"的存在，因而必须把"神""还原"为"他人"，"我"才能"模仿""神"。这样，一切宗教的模仿神的活动中都蕴含着戏剧的模仿（他）人的活动的因素在内。我们可以说，戏剧活动来自宗教活动的蜕变，但似应更准地反过来说，戏剧（艺术）活动本就是宗教活动的现实的基础：它们在"模仿""他人"这一点上，是一致的。宗教活动是把"他人"升华、抽象到最高的层次，而巫师、神职人员则是"神"的"代言人"。

从这个角度来看，一切艺术家都带有"演员"的性质，他们的作品都不仅仅是他的"自我"的"表现"，而是在不同的自觉程度上，传达、表达了一种"他在的"、"社会的""意蕴"，艺术家只是"传达者"——他为世人带来了"消息"、"信息"，"预示"着某种变化的来临，而这种"消息"、"信息"和"预示"的准确"意义"，艺术家本人（他的"自我"）有时并不一定清楚地意识到，或有清楚明白的"知识"，就像德尔斐神庙中的祭师们自己不能向人们清楚地解释那神谕的意思一样，她们只是"传达者"。于是，在艺术活动中，"作品"大于"作者"，"作品"中的"话"，当然是"作者"自己要说的，但同时也是"他人"要作者说的，是各种"社会因素"促使作者说的，因为"作者"本就是这些"社会因素"的集合。在这种意义下，"作者"并没有"解释"自己的"作品"的"权威性"；"作者"当然也可以是"作品"的解释者，但只是解释者中的一分子。"作品"始终等待着"解释者"，等待着欣赏者。"演员"等待着"观众"。"他人"让说的"话"，只有"他人"才能完全理解，而"他人"是一个开放的集合，因此"理解"也总是开放的、继续的。

"演员"的艺术活动，是自觉地模仿他人的活动，是在意象中——在舞台上塑造一个"他人的世界"的创作活动。社会生活中现实的交往本身就含有"演员式"理解方式的因素；"演员的方式"是理解"他人"的一种不可缺少的形式。"他人"的活动，"他人"的"事"等待着我们去理解，当"我"在意象中把"他人"的"活动"、"他人"的"事"在不同程度上重新"做"一遍时，"我"才有可能理解这些"活动"和"事"。这就是我们平时所谓"设身处地"、"将心比心"等话的意思。"演员"就是要把"他人"的"事"重复地做出来，公开地做出来，提供给观众去理解。用理论的语言来说，就是使"他人"的"事""显现"出来，让观众去"看"。

很明显的，演员的艺术既是模仿的艺术，又是灵感的艺术。"我"不可能真的在事实上成为"他人"，"演员"不可能真的成为"角色"，"我"、"演员"只能设身处地、在规定情景中揣摩角色人物之心态并设计动作、对话，即"演员"必须通过"我"去体会、理解"他人"。

虽然在"演员"（自我）与"角色"（他人）的关系上存在着表演艺术中体验派和表现派的区别，但对二者之间的基本关系的理解则是一致的。就戏剧表演艺术言，"角色"（他人）比"演员"具有更为基本的意义。演员要有模仿他人的技术，也要有模仿他人的灵感。

演员的艺术，不但要有形体锻炼的技术，要有模仿的技术的灵巧，同时也要有模仿的灵气。演员模仿的是（他）"人"，而不是"物"。"他人"是有活的思想感情的，而不是行尸走肉，所以模仿"他人"的演员艺术，不仅要用身体，而且更要用心思。所谓表演前和表演过程中的"进入角色"，事实上同时也是把他人的活的思想感情"请进来"，使"角色"（他人）的思想感情"附着"于"自己"身上，就其远古的来源而言，和原始巫术中"降神术"和"神鬼附身"这类的迷信活动，竟有相当的联系，只是艺术的活动，实实在在地肯定其虚假的性质，作为一种表演、演习观；而迷信活动，则企图让人"相信"它是"真"的。

我们看到，模仿与灵感相统一的原则同样也适应其他一些非戏剧性的表演活动——如舞蹈与音乐。正如卢梭所指出的，舞蹈和歌唱（音乐）原本是一种节庆活动，是生活的一个部分，而不是为纯观赏而作的。然而，这种节庆活动不仅仅是自然情绪的发泄这一点，因为卢梭要把自然的纯真性与理智的虚假性相对立起来而被忽视了。不错，节庆的歌、舞并不具体地模仿"他人"（角色），但我们应该注意到这个欢乐（或悲哀）的人群正是把"自我"融解于一个集团（或部落、部族，或家族……）的大的"他人"之中，而"忘我"地、"尽情"雀跃歌舞。

参加节庆的人往往"身不由己"，在群情沸腾之际，人们如痴如狂，由音乐、舞蹈的节奏"支配"着"自我"。"我"不是"个体"，而是这个集团的一分子，"我"亦是"他人"。此时，"围观者"与歌舞者之间没有确定的界限，随时可以进入歌舞的圈子。"歌舞"为"他人"的化身，为"部族"的感召力，吸引着"我"，支配着"我"。"我"甚至可以颠狂到"自残"的地步，故又毕竟不是自然的情绪的流露。动物没有这种如醉如狂的境界；这是一种超越"自我"的"大他"的活的精神感召力和吸引力，种族、集团的情绪大于"自我"，使"我"如同着了"魔"一般。这个"魔"就是大于"我"的"他人"——部族、阶级、集团、社会的精神，正是这种精神，使远古民族在节庆时互相"模仿"，一起跳，一起唱，直至筋疲力尽。歌舞使"我""宣泄"，也得到"升华"。

不难看出，这种节庆活动与宗教活动和宗教仪式有着千丝万缕的联系。原始部族的"图腾"乃是这个部族"大他"的象征，很可能是这个部族的"神"，围绕着"图腾"的原始部族的各种宗教仪式都带有贬抑"自我"、张扬"大他"的性质，而只有在压制着"自我"的清醒理智时——在醉、痴、狂、着魔、梦呓等"灵感"（"神附体"）的条件下，这个超个人、超理智的"大他"才能体验出来，"人"才能与"神"相沟通。

同样也不难看出，在原始的阶段，这种"大他"与"自我"的关系，在理解上是被颠倒、被掩盖着的。"自我"的清醒理智状态被认为是正常的、经验的，而那种为"大他"（神）所支配的"出神"、"着魔"、"灵感"状态被认为是例外的、不正常的、失去理智的。事实上，我们看到，

"大他"——集体的存在是个人自我存在的先在条件，"大他"的经
验、超个人的经验乃是最为基本的经验。种族的存在是个体存在的
基本条件，这一基本经验，即使在原始的阶段，似乎也是被掩盖着的。
在日常（正常）生活中，"自我"以工具性的科学手段来调节各种关系，
来管理各种事务，特别是在阶级萌芽之后，社会有了分化，则"大他"
也被"自我"化，成为"自我"（攫取各种权益）的"工具"，而只
有在节庆的时候，在迷狂、着魔的状态中，"大他"才显示它的不可
抗拒的威力，使帝王将相"与民同乐"。也只有在这个时候，人们被
提醒："大他"的存在乃是"自我"存在的基本条件，而人人都被吸引、
融化到这个"大写的""他人"之中。这种吸引力带有某种难于抗拒
的性质，在群情激昂的时候，要想保持个人自我清醒的独立性是很
不容易的。"迷狂"、"着魔"只是一个表面的"反常"现象，事实上，
在骨子里面，是一种回到基本生活经验的召唤，是作为个人生活基
本条件的"他人"、"集团"、"阶级"、"社会"的一种召唤，召唤"自我""回
到""他人"、"集体"中来，而暂时放弃那种抽象的、概念式的"秩
序"生活，因而，某种带有原始性的歌舞，在旁观者或文明人看来，
甚至是一种"放纵"。

　　不错，在不少原始宗教仪式中，常常不仅是"放纵"和"迷信"，
而且是"残酷"。古代俄罗斯有一种祭祀春天的仪式，以少女的生命
来换得大地的复苏，斯特拉文斯基以此题材创作了他的著名的《春
之祭》芭蕾音乐。这个乐曲如今已是公认的不朽名作，可是当年无
论在题材和作曲方面都曾引起过很大的震惊甚至愤慨；这个乐曲也曾
被法兰克福学派的阿多诺批评为"反动的"。然而这个乐曲中所蕴含
的那原始的"奉献"精神则是一般甜美、优雅的曲调所无法比拟的。
古今中外的文艺家以"春"为题材的作品多如牛毛，其中多数都渲

染了"万紫千红"的气象，这原也是很真实的，但却不免是表面的，唯有斯特拉文斯基的《春之祭》在那蠢蠢而动、大地复苏的雷声中听出了人类为迎接这个春天的来到付出了的严酷的代价。春天是那样的美好，繁"花"似锦，充满了无限的"生"机。那"无可奈何""落去"的"花"，又盛开了，但那被祭献的"少女"却一去不返；"生"是由"死"换来的。春天的来临，固然是大自然的"恩赐"，但却是有代价的，"人"要为大自然作出"奉献"，把自己的最美好的女子"奉献"给自然。"奉献"了"自己"的"青春"，换来了"他人"的"青春"，以"自己"的"死"，换得了"他人"的"生"。

20世纪以来，西方许多艺术家，不满足艺术作为一种"娱乐"的工具，常常从远古原始艺术中寻求灵感，来创造一个更高的境界。而我们知道，原始的艺术，又常常与原始的宗教不容易分开，原始部族的图腾，既可以作艺术观，也可以作宗教观，但其象征的作用，只是不能作科学概念观，因为图腾是"他人"的标识和象征，不是由"自我"（大我）主体立法形成的逻辑概念，因而不是知识性的。当然，由原始宗教的"信仰"到后来的艺术"观赏"的变化，其中科学性的知识的发展，也起了重要的作用。

应该说，"知识"与"信仰"之间有一种辩证的关系。"知识"的进展是无限的，因而并不能设想有哪一天"知识"可以完全取代"信仰"，但"知识"的发展，却可以使原先"信仰"的对象，转化为"欣赏"的对象。图腾作为信仰的标识，随着知识的进步，转化为艺术的作品，就是一个明显的例子。扩大开来说，过去一切的宗教的遗迹，都可以是人类艺术宝库中的展品，过去一切超自我的"他人"（他在），都由"膜拜"的对象，成为"观赏"的对象；当然，宗教膜拜的对象也可以是科学研究的对象，可以以概念、判断、推理的方式形成一门特殊的学科,但艺术的欣赏却仍保存了它的"他在"性,尽管这种"他在",是意象性的,而不像在宗教信仰里被认为具有实质性。

艺术的"欣赏性"介乎"信仰性"和"知识性"之间,从这个意义也可以说,艺术中的模仿与灵感是统一在一起的。艺术不仅模仿"他人"(或神),而且也模仿"自然",而在远古的时候,"自然"往往比"他人"更为超越(自我),更为"异己"。"自然"是"他人"的遮盖物。远古时期的"物活论"、"万物有灵论"以及后来的"泛神论",都根源于"自然"与"他人"的契合这一观念。

绘画(和雕塑)是在各门艺术中认识性功能比较强的艺术部类,它以灌注生气的自然为"模仿"的对象,在绘画中,甚至"人"也是作为一种灌注生气的自然来表现,这在西方的艺术传统中,更是如此。

绘画当然离不开"表象",但就其创作方法的根源来说,绘画起于"乱涂"(scrible)。"刻"、"划"是一种"划道道"的活动,这种活动与"表象"(意象)结合起来,成为"画"(painting),逐渐有色彩填廓活动。无论"刻"和"画",作为一种"活动",都有某种灌注生气的意义在内,而不仅仅是客观形象的再现和模本。所以,尽管绘画的认识性功能很强,但它毕竟是艺术性的、审美性的,绘画艺术的再现性和表象性,并不能掩盖它的表现性和思想性。而正是在绘画的再现性和表象性中,我们看到绘画不可能成为纯粹的"自我表现",而和音乐、舞蹈一样,"自我"被吸收于"他在"的、"他人"的"自然"之中。绘画"再现"的不是"自然概念"的"例子";绘画"表现"的也不是"自我情绪"发泄的"剩余"。

我们知道,不少学者认为原始洞穴绘画具有原始巫术的意义,原始人"相信"这些画能有实际的作用,像"符咒"一样。"符""咒"

是只有"神鬼"才懂得的语言文字，掌握了这种语言文字，可以像驱使"人"一样驱使"神鬼"；原始绘画似乎也有这种"神"、"人"的"交感作用"，尽管这种作用不像科学知识那样具有普遍的有效性，但它以"技术"命中的"偶然性"，维系着永远"期待"的"信念"。当"自我"在猛兽面前显得无能为力时，"他人"总有一天会"制伏"它。在这种原始的绘画中，不仅仅表现了人对科学知识的有效性的"信心"，同时也保留了对偶然的有效性——即有利地、有效地利用已出现的偶然性的"信念"，体现了人类实际的努力和自然本身的"恩惠"相契合的心情，即"他在"的自然总会有利于人的生活的一种信念。自然知识的无限性与他人自由的不可预测性在这里——在艺术中所发生的契合作用，则使绘画作为艺术观，也是一种模仿性的灵感和灵感性的模仿的产物。

这样，我们看到，绘画正是肯定基本生活经验的一种方式。绘画的客观描述性和客观表象性，正提示着生活的"他在"性。墙上的画，提醒着我们有一个客观世界的存在，这个世界一方面是我们的科学知识、概念系统可以掌握的，——这些"形象"只是我们科学理论的"例证"；另一方面绘画坚执着它的表象性，说明这些形象是为我们的概念所不可能完全规范化了的，它是"客观"的，"他在"的，而我们正是生活在其中，绝不能凌驾于它之上或置身于它之外。于是，尽管在西方现代绘画流派中有所谓"抽象派"绘画，但绘画的基础，毕竟还是"有象"的，而"象"不是"概念"所能完全规范的，即使是那"抽象"的"线条"的几何图形的堆积，在绘画中居然也有一种"他在"的力量，而不能像逻辑的公式、科学理论以及真正的几何图形那样使人感到有一种概念上的可沟通性和明晰性，"抽象派""绘画"毕竟仍是"绘画"。

四、艺术天才

"艺术天才"作为一个美学概念加以着重研究，在西方是18世纪以来、特别是浪漫主义文艺思潮发展以来的事，这个观念，在现代西方已受到多方面的挑战，但它蕴涵着的深刻的哲学问题，却仍有很大的理论吸引力，其原因之一在于这个观念说明了艺术与科学、宗教之间的复杂的关系，从宗教的巫师、先知与科学的创造发明家到艺术的天才，有一系列有趣的问题值得从哲学上深入探讨。

我们知道，在西方哲学史上，"天才"的概念曾是康德在他的《判断力批判》中着重地提出研究过的。康德关于艺术天才的思想，建立在他的科学与艺术的严格的区分上，而康德的"理性的宗教"思想，又使他将"天才"的观念完全限制在艺术的领域之中。这种趋势，随着理性主义思想体系在德国古典哲学中的加重，"天才"在艺术中的关键性地位，也发生了重要的变化，在把艺术看作"绝对理念的感性式显现"的黑格尔哲学中，"天才"在艺术中已不再占重要地位；但在德国后来"非理性主义"思潮中，如在叔本华和尼采的哲学中，"天才"概念又得到了巩固和加强。这个历史事实说明，"天才"观念与理智性、概念性的思想体系——哲学有着复杂的关系，它在这个体系中时常作为一种"例外"而被贬抑或重视，哲学家们曾从正反两个方面对这个"例外"现象作过思考。

在康德的学说中，"天才"概念集中反映了"艺术"与"科学"两种不同的思想形式的重要区别，在他对"天才"的分析中，保留了这个观念的许多重要的、原始的内涵。在康德思想中，"天才"是一种"自然的禀赋"，但这种"禀赋"并非功能性的自然"属性"，而是一种"宠惠"，是一个"特例"，因而并不是人人都可以得到的"天性",也不是通过学习、锻炼可以企及的"习性"和"技能"。"天才"不是科学范围里的事,而是艺术的特有现象;"科学"是普遍的,"艺术"则是特殊的。"三年出一个状元,三年出不了一个演员"。大艺术家似乎是大自然的一种"恩赐",是一个"礼品"。衣食住行的财富是自然必须给的,是人们努力就可以得到的;但大艺术家却不是非有不可的,大自然不一定非生出一个梅兰芳、贝多芬不可,没有梅兰芳、贝多芬人们仍可以生活,只是减少了生活的趣味。生出了梅兰芳、贝多芬,是人们的一种"福气",可以生活得更有兴趣、更有意义。既然是一种"礼品",就不能保证非收到不可,送礼者(大自然)可以给,也可以不给。收到了,算是幸运;收不到,也无可抱怨。人们都"希望"得到"礼品",但"礼品"是"可遇而不可求"的,并不是经过多少努力,就可以有"保证"的。因而,归根结底,"天才"并不完全靠学习和锻炼造就的。

这样,"天才"不是"(自)我"的事,而是"他人"的事。一方面,"天才"不是"自我"努力学习、锻炼的产物,另一方面,"(自)我"虽常请求"他人"的"赐予",但并不能"保证"一定能得到这种"给予",因为"自我"并不能完全用概念、判断、推理的逻辑系统来支配"他人"。"天才"不属于"自我"的逻辑的概念体系,而属于"他人"的自由的体系。"天才"不是"人为"制造出来的,而是自然而然地产生的;"天才"的产生没有"逻辑"的必然性,但却有很强烈的现实性,人们永不会丧失出现天才的信念和期待。

"天才"不是"科学"的事,只意味着"科学"不能按照逻辑概念体系"制作"出"天才"来,却并不意味着"科学"本身不会出现"天才"。事实上,我们看到,"科学"也是实际生活的一个部分,"科学家"也是生活中、经验中的"人",而并不是抽象的、思想性的"自我", 因此, 一切科学、技术内的创造性的发明者, 都可以看作是"天才"的人物。在这一点上,"科学"与"艺术"是相同的, 因为"科学"、"艺术"本都属于一个基本的、不可分割的现实的生活的世界, 在这个世界中, 人首先是活生生的人, 而既不仅仅是"科学家协会""会员", 也不仅是"作协"和"文联"的"会员"。科学家的大量的工作固然是将知识和技术推广开去, 使"他人"都"大我"化, 使整个世界和社会都"大我"化, 成为科学可以调节、管理、控制的"机构"; 但科学的创造性的工作, 科学的发明、创造, 却是基本的生活经验中的事, 是"他人"让"我"做的, 而不是"我"按现成的公式、体系套用出来的。因此, 人类一切重大的科学发明、创造, 都可以作"艺术"观, 是"自然"对"人类"的一种特殊的"给予", 使人的生活更美好, 更有意义。人类幻想飞行由来已久, 神话中神仙腾云驾雾, 是艺术的天才想象, 而飞机的发明则将这种幻想变成了现实, 总不能说, 前者是"天才", 后者反倒成了"模仿"。一切科学的发明者都是没有"先例"可以"模仿"的, 他们同样是"创始者"。所谓"创始者", 即使在艺术中也并非真的没有"传授"和"学习"、"锻炼", 而是指并不能按"自我"的设计必定能"制造"出来, 而表现为由"他人""给予"的一种现象。所以, 在远古的传说中, 一切的实用的技艺似乎都是"上天"的一种"赐福"。古代希腊的诸神, 大都各有职司; 中国远古的传说, 开天辟地就有神农、伏羲, 发明了耕种、稼穑、医疗、文字等技艺, 科技的发明家被奉为"神明", 科技的发明创造活动都是"天才"的活动。不仅如此, 在迷信流传的时代, 甚至许多大政治家、大军事家以及经济家等等, 都被目为"神人下凡", 因为他们在人民的生活中起过重大的作用而被看成"上天"(他人)加诸"人世"的一种特殊的"给予"。

由此可见，并不是只有"艺术"才出现"天才"，而是"艺术"之所以成"艺术"，必须期待着"天才"。因为，由于艺术的非实用功利性，使得在这个领域中没有创造性才能的劣等艺人越来越无立足之地。科学首要的事业是一种普遍性的工作。实用的知识、技术需要推广，应该也可以推广，以扩大受益面。甚至艺术的推广工作，同样是通过科学技术进行的。印刷术、声像技术的发展，使文学、绘画、音乐、舞蹈、戏剧等得到了普及；然而，这些技术的发展，却排挤了过去为起普及作用而得以存在的低水平的艺术品的地位，使得大艺术家的艺术得以借科技的手段迅速而方便地得到传播，使劣等的代用品无立锥之地，使艺术的领域，真正成为"天才"的天地。

印刷术的推广，曾使"文学"成为"天才"的逐鹿场，使"作家"的小说代替了老祖母的故事。在彩色印刷还不发达的时代，小画家们因自身的技艺而填补了大画家作品不易填补的空缺；录音、录像技术未曾发展的条件下，各种低层次的舞者、歌者、演奏者、表演者得以跻身于"艺术家"之林，使这些本来技术性较强的艺术部门，以技艺为主要的艺术标准；但现在回过头来看，这些低层次的"艺术家"，实际上是在做着"科学家"的普及、推广的工作，固然也是功不可没的，但他们使"艺术"变成了"知识"，似乎只要下工夫学习、锻炼，人人都可以成为"艺术家"。

然而，实际上，"天才"自古以来似乎只是"少数"人的"禀赋"。虽然"天才"不能脱离基本的生活经验，"天才"不是"超人"，而就本质的意义来说，恰恰是真正最普通的人，因为他能够透过表面的现象，看到人世的基本的本质，是最具洞察力的人，但并不是每个具有这种洞察力可能性的人都能将这种可能性转化为现实性。于是，具有这种洞察力的人，相比起来，似乎就成了"特殊"的人。

在远古的时候，语言固然是人人都会的，但文字就只是少数人的特权和特技。在西方，直到中世纪时期，文字还是僧侣手中的特殊工具。从中国发掘出来的古代甲骨文来看，远古的文字，也多是巫者的技能，服务于记录占卜的内容。这样一些祭师、卜士，都可以视为能与"神"、"鬼"相"沟通"的"天才"。西文中的"天才"这个字，原也有"精灵"的意思，它和一般的、普遍性的"能工巧匠"的"能者"不同，是一种不能普及、推广的"禀赋"和"技能"，因而不是一般的"科学"和"技术"里的事，有时竟带有某种"神秘"的色彩。

西方宗教的发展，走了一条学说化、理论化的道路，古代的巫师、术士长期而艰苦地演变为学问家、说教者，这样，"天才"的观念，逐渐地在西方宗教里反倒受到限制，从而使它在艺术中的地位，反倒更加突出出来。在艺术中，那种不能公式化、概念化的创作活动，那种不可重复、不可普及化的独特个性的作品，都使"天才"的概念，有一种实际的例证。

艺术中的"天才"概念是与"工力"概念相对应的，而中国的艺术批评对这二者之间的关系有着深切的体会。中国诗、词、曲、剧、画各"品"中，在众多的"妙品"、"逸品"……中，以"神品"与"能品"的对应最为基本；"能品"重在"工力"，"神品"则不是经验、知识和锻炼所能达到的一种境界。

"天才"是一种"天然的禀赋"，但不是一般的禀赋，而是特殊的禀赋。譬如歌者之嗓子，有所谓"天赋歌喉"。人人都有嗓子，人人都能歌唱，但"天赋歌喉"则是出类拔萃者，因而，只有少数人才具有歌唱的"天才"。同时，"天才"也不仅仅是"天然的禀赋"，不仅仅是某种特殊的生理机能，也不是什么"特异功能"，而重要的是要有一种透彻性的、思想性的"灵气"，有一种把握事物本质的直接性的能力，有着充满灵气和思想的"感觉"，而似乎不借助逻辑的推演、知识的积累和技术的锻炼。

"天才"是一种"禀赋"，"禀赋"是与"人"具在的，因而不仅仅是一种知识性概念，同时也是一个存在性概念。"禀赋"说明了"天才"的活动的直接性。直接性是一种感性的存在；在艺术天才那里，最高深的道理和最困难的技术，似乎都有一种"与生具来"的出自"天然"的直接性。"天才"的感性存在本身就是充满思想，充满灵气的。

"天才"并不排斥经验、知识和锻炼，相反的，"天才""需要""锻炼"，没有锻炼的"艺术天才"将一事无成，是为"流产了的天才"。世上有许多的艺术天才都流产了，因为许多的艺术天才都没有真正进行艺术的锻炼，而作了别的方面的训练。"天才"之所以不同于训练，只是说"训练"并不能保证出现"天才"，"天才"大于"训练"。所以，就某个社会、集团来说，"天才"是被（他人）"给予"的，甚至社会和集团的"努力"也并不能保证"天才"一定出现。

然而，"天才"不是"自我"（或"大我"——"我们"——集体）的努力所能保证，并不意味着"我们"（大家）对"天才"的出现完全无能为力，而"守株待兔"地等着上天真的掉下"神仙"、"天使"来。"我们"（社会）的一切努力都在为"天才"的出现创造条件。既然"天才"被理解为"他人""给予"的"礼物"，而"宝剑"赠与"烈士"，"红粉"赠与"佳人"，"礼物"的施受都是相称的。虽然烈士未必得到宝剑，佳人常无红粉，但要配得上宝剑和红粉这些礼物，则自身应是烈士和佳人。

扩大开来说，人类的一切成功，都与大自然的"配合"有关，

辛勤的劳动可能得不到丰硕的收成，因而"丰收"不一定有"逻辑
的必然性"，所以常是"喜出望外"的，不仅是一种劳动的"证实"，
而且是一种"幸福"的"喜悦"。然而，只有辛勤的劳动才"配得上"
这种丰收的喜悦和幸福，因此，人们并无理论上、逻辑上绝对的把
握说今年一定丰收，——尽管人们可以根据自己的科学知识和技艺作
出相当近似的估计——，但人们仍应努力劳动，而在劳动中充满了
信心，相信丰收的喜悦一定会实现，幸福的时刻一定会来临。这是
生活实际必需领域里的情形。在艺术领域中，要想得到这种"给予"
就更无把握些，但人们仍是作出多方面的种种努力，所谓"敬业修
德"，以期我们所生活的世界，配得上伟大的艺术天才的出现。"德
行"并不保证"幸福"，"锻炼"并不保证"天才"；但人们仍然有一
个坚实的信念：只有"德性"才配享"幸福"，只有努力学习、锻炼，
才会产生艺术天才，尽管不乏"缺德"而"享福"之人，也不乏徒
有虚名的"艺术大师"。整个集体、整个社会的各方面的治理和建设，
为艺术天才的出现提供了客观的可能条件，艺术家本身的努力，也
为这种天才的出现创造了主观的条件，大家过着勤奋、健康的生活，
期待着真正的艺术家的出现，为集体，为社会，为民族"锦上添花"；"天
道酬勤"，大自然不仅会为勤劳的人民提供物质的食粮，也会为智慧
的人民提供精神的食粮。

　　"艺术天才"作为一种"礼物"观，则带来一些特殊的品质。一方面，
"礼物"有轻有重，"重礼"固然是一种特殊的"恩宠"，是一种"殊荣"，
但"千里送鹅毛"，也"礼轻情谊重"。"礼物"本不在它本身的商品
价值或物质属性，"礼物"不是一个科学的、知识的对象，无论科技
如何发达，也分析不出"礼（物）"作为"礼（物）"的属性来，因此，
对"礼物"的评价，归根结底，不是一个知识的判断。对真诚的"礼

物"，一般是不会受到"挑剔"的，"礼物"给人带来的大多是"喜悦"、"感谢"和"思念"。

真正的"艺术天才"也是"不受挑剔"的，"天才的作品"带有一种想象中的"完满性"而为人所"钟爱"。在远古的时候，尽管巫师的法术并未灵验过，知识未开化的民众似乎未曾动摇过对他们的信念；预言家的预言，或从未应验过，也不因此而使人丧失信心，更何况，艺术本无关乎当下眼前的实际，它按"礼物"自身的标准使人们满怀信心地相信它的"完美性"。

"艺术的天才"、"天才的作品"，大多数情况下，是集体、群众或其中相当多的部分的人所"钟爱"、"崇拜"的东西，而不仅是对它进行科学研究的对象。任何的实用工具，都不可能是完美无缺、无可改进的，科技的发展，就是要不断改进它们，但并不能有一天宣布已臻止境、不能进步了。真正的艺术品，则本身有一种"自足性"，人们并无意在它本身上加以"改进"。当然，艺术作品也在社会之中，它也是有变化、有发展和有进步的，但这种进步、发展之所以未能代替古典艺术作品的"永恒的魅力"（马克思），就是因为它本身并不是一种纯工具性的改进，而是艺术作品存在形态自身的改变和丰富。有各种各样的"礼物"，但"礼物"的多样性并不能否定各个"礼物"本身的独立性。各种自身完美的"礼物"犹如一个大花园，春兰秋菊，各得其宜。

艺术创作的手段和内容，在某种意义上，当然也是有进步的，有发展的。古代希腊的戏剧表演形式比起现代舞台来说，当然是很简陋的；现代作曲的手法要比巴洛克时代不知丰富了多少，所以戏剧、绘画、音乐都有其自身发展的历史。然而，即使是最为原始的艺术作品，人们并不"挑剔"它的简陋，而同样可以被视为艺术的珍品。

天才不是模仿，但莫扎特、贝多芬、柴可夫斯基这样一些公认的艺术天才，在他们的作品中，互相学习的地方固然有，在自己的不同作品中运用相同旋律的地方也并不少见，更不用说大的艺术风格和手法的相互影响了。所以，就科学的眼光来看，这些作品的客观属性的特点，并无"秘密"可言，就像任何精致的礼品，都可以被分析成各种物质的属性一样。但作为艺术品来看，它并不是那些物质属性的综合，而是体现了一种社会的、人与人之间的关系，是一种象征，象征某种"情谊"。

于是，我们不会用发展了的艺术技巧手段来"批评"前人的不足之处。从技巧手段来说，任何作品都不可能是无可指责的，但人们却常愿意以"天衣无缝"来形容一件真的艺术品。这种说法，并不简单地只是一种夸张，而的确反映了艺术作品本身的特殊性质，也反映了作为审美对象和作为知识对象的不同的地方。

我们知道，实际上并不存在"神"，"神"是人想象出来的，是人"造"出来的。尽管谁也没有见过"神"，"神"也没有在实际的生活中有过任何实际的作用，但要完全根绝"神"的观念亦非易事。不错，随着科学知识的发展，"神"的地盘越来越缩小，"神"与"人"的界限也越来越清楚。西方人的思想中，特别是基督教后来的发展中，明确地指出"神管神的事，人管人的事"。在实际的事务中，没有"神"，没有"偶像"，而一切都按科学办事，以实践为真理的唯一标准。在实际的事务中，没有绝对完满的事，一切都在不断变化、发展。实际事务变化发展的道路是曲折的、复杂的，有时会有暂时的倒退和美好的事业受到挫折。事情的好、坏固然是相对的，在阶级社会，其标准也有很强烈的阶级性，但人们总是相信事情最终总是向好的方向前进，这种"信念"，说明了"理想"与"现实"之间的复杂、辩证的关系。在实际事务中，"理想"应是建立在科学的预见的基础上，而不能流于没有现实根据的"空想"。然而，艺术作品则不同于科学的计划和方案，不同于对实际事务的预见和安排；艺术作品也不同于宗教，并不完全超越实际事务而悬设一个绝对完满的"神"。艺术不是"空想"的化身，它有着深厚的现实基础，它是以现实的方式、在现实的生活中维系着一种"信念"——鼓舞着人们为争取美好生活的信心和斗志。

艺术的"天才"不是"神"，它不被想象成对人类的事务具有最终的规定权威，也不是在超越生活之上悬设一个最高的存在者。

艺术的天才以自身的独特的方式保持着自身的完满性。由"崇拜"宗教"偶像"和"神"到"崇拜"艺术的天才，实是人类精神文明进步的一种标志。

艺术的天才也是人"造"出来的。就实际而言，世界上没有"天衣无缝"的东西，所谓"增一分则肥"、"减一分则瘦"的"美女"，则完全是理想化了的，是实际上不可能存在的。但人们却时常愿意把艺术上的天才作品，"想象"成一件完美无缺的东西。同时，正因为"艺术天才"并不是一个科学性、知识性的概念，所以它并不是普遍的，而带有很浓厚的时代、民族、社会的气息。一般来说，在历史悠久的大民族中成为艺术天才要比在历史较短的民族中更为困难些。譬如科学发达水平很高的美国，由于历史较短，对于一二百年的艺术品他们就很珍爱，而这在有几千年文明史的中国来看，则是微不足道的。在这方面还有一些很极端的例子，如那些个人的"信物"，其意义只对个别的人起作用，但"信物"对这些个别的人来说，是不受挑剔、最可钟爱、最为"神圣"的。艺术的天才作品是一个民族，一个社会的"信物"。

在这个意义下，所谓"艺术天才"本就是"人为的"，持科学和知识立场、态度的人尽可以说，世上本没有什么"艺术天才"。然而，一个民族、一个社会却需要大艺术家，需要天才。应该说，建设一个社会、一个国家并不依靠"天才"，而是依靠具有各种技能、知识的"人才"。教育的发展，科学知识的普及，造就大批的、各个方面的建设、管理的"人才"，使国家、民族繁荣、富强，这当然是最为根本的，最为重要的。颠倒这种关系，或可谓"玩物丧志"；然而文明的民族并不拒绝"锦上添花"。古代希腊雅典城邦耗费巨资建万神庙，以作雅典的象征，他们当时所喜爱的艺术竞赛节，其中许多的作品成为天才的艺术珍品。中国古代唐太宗酷爱书法，把王羲之奉若"神明"，竟以王的《兰亭序》陪葬，看作自身存在的一个部分，足见"文治武功"是中国传统的理想盛世。

一个民族，一个社会一方面以自己的辛勤工作使自己配得上艺术的装点，同时也要以自己的智慧，识别真正的艺术天才，不使埋没。"人才"是很难识别的，要有伯乐的眼光，才能识别千里驹。"和氏之璧"，历三朝才被发现出来；但比较而言，"艺术天才"是更难识别的。承认各行业的有学问、有技术的"人才"，带有一种知识上的强制性，实际成果的出现，迫使人人都应作证。然而，所谓"艺术天才"就不可能带有这种知识上的强制性。受各种利害关系支配的资本主义社会，最容易埋没艺术的天才，以至于黑格尔有"艺术之终结"之叹。资本主义社会是"庸人"的时代，不是"天才"的时代；而社会主义的"百花齐放，百家争鸣"的政策，则保障了艺术上各种风格的竞赛，为艺术天才的出现铺平了道路。不珍爱"礼品"的人，同时也说明他不配享有这个"礼品"；不重视艺术天才的人，真的就说明他不该拥有这种天才。"礼品"受到重视、爱护与否，不仅在"礼品"自身的价值，而且也反映了拥有者的品质和境界。

"礼品"之所以可贵，也是因为它并不是经常总能得到的。并不是人人都可以成为"艺术的天才"，虽然人人都可以参加艺术的活动。在形式上，"天才"异于"常人"，甚被"常人"目为"怪"、"狂"、"颠"、"醉"、"痴"；然而，就实质来说，"天才"并不是"超人"，而是最为平常的人。"天才"生活在最基本的生活世界中，而且只生活在这个世界中。

从表面上看，"天才"似乎表现为一种打破"常规"的能力和活动，事实上，这里所谓"常规"却是些派生的"规则"，是一些表面现象方面的"理"，譬如在科学技术中一些习用的理论、公式、技术程序等，这些"理"总是会为一些更为基本的"理"、更为基本的"原则"所突破的。科学中的"创造性"，不在于使"有理"、"有原则"成为"无理"、"无原则"，而这个领域中的每一次的创造性的突破都表明了基本的原则和道理的又一次确证和胜利。"天才"往往是一些基本原则和道理的标志。"天才"之所以是"天才"，不在于他的"不平凡"，而在于他的"太平凡"、"最平凡"。

称得上"天才"的艺术作品，固然是"惊世骇俗"、"发聋振聩"的，但并不是任何"与众不同"的作品都是"天才"的。"天才"的作品是把那时常被掩盖着的最为基本的世界揭示出来，把那时常被遗忘的经验唤醒起来。正因为艺术的天才不是脱离基本生活经验的，因而，从根本上说，他也不是脱离群众的。人人都离不开最为基本的生活经验，只是世事纷繁，名缰利索，使人们常常会忘记那些最基本的经验，忘记在那纷繁的世事的最底层，尚有一个最为基本的世界在。艺术天才的洞察力，正是透过那纷繁的现象，看到并揭示这个基本的世界，而这个世界实际上又是任何人不能须臾离开的。这样，艺术的天才虽然通常为数很少，但却是可以、而且毕竟会为多数人"接受"的。艺术天才把通常所谓"梦"、"痴"、"狂"、"醉"、"颠"……的关系颠倒过来，把平时一般人在"梦"、"醉"中朦胧意识到的某些生活的真谛使其成为真实的、清醒的生活展示在欣赏者面前，起到"醒世"、"警世"的作用。在这个意义上，我们可以说，"哲学"是以理论的形式来"说"那个基本生活经验世界里的道理和原则，"艺术"则以天才的洞见把这个世界活生生地呈现出来。

第四部分 艺术作为历史的见证

艺术是生活的反映，也是生活的一个部分。现实生活是时间性的，因而是历史的，于是，艺术与历史又有一种复杂而密切的关系。艺术是生活的反映，因而也是历史的反映；而艺术又是历史的一个部分，自身亦有"历史"，因而历史似乎是囊括了一切，就像西方的"哲学"似乎曾经囊括了一切的思想的东西那样，"历史"似乎至少囊括了一切的实际的东西，而思想的东西与实际的东西原本是不能完全分开的，是可以结合的，于是有"哲学的历史"和"历史的哲学"。在这个错综复杂的关系中，艺术处在一个什么样的地位，起一种什么样的作用，这是本书最后这一部分所要讨论的问题。

一、历史·科学·艺术

西方人自己承认，他们的"历史意识"发展得是相当晚的，这就是说，西方人自己意识到，比起东方人来说，对于"历史"的反思，是很晚近的事。当然，这并不是说，在古代，西方人没有"历史""著作"。古代希腊希罗多德和修昔底德为欧洲史学之祖，这当然是谁都不能否认的事实。任何的民族，其文化方面的特点，只是相对而言，由其各自特殊的社会条件，在各门学科之中有所侧重。显然的，以希腊为代表的欧洲古代文化是以"哲学"为标志的。"哲学"是一种最为根本的科学性的思想方式。最初，在早期古代希腊，是以"自然"为其观察、思考、研究之"对象"，并以概念、判断、推理的方式，即以"逻格斯"的方式，把握那变动不居的"对象"（赫拉克利特之"活火"）的"度"。"人"当然也是这种"对象"的一个部分，或一个特殊的部分。在早期古代希腊，直到智者学派，"人"还是一个"感性的"、"自然性的"存在物；虽然"人"是"有思想的"，但"有思想的"与"存在的"是"同一的"（巴门尼德）。苏格拉底颠倒了"存在"与"思想"的关系，把"人"提到首位；但这个"人"是要在知识上寻求一个最为"本质"的概念——理念来作为它的理解的归宿；于是"人"成为"哲学"的核心问题，但尚未成"历史"的核心问题。

在古代西方，"历史"和"哲学"是两门学科，"哲学"以概念式的、抽象的"自然"（包括"人"）为"对象"，"历史"以概念式的、抽象的"事"为"对象"，这样，"事"（event）就被理解为"事实"（fact）。"历史"为"事实"之"记录"。

在古代希腊文中，"历史"从"叙述"变来，"历史"与"说故事"意义相近。"说"是"叙述"，"故事"是"过去发生过"的"事实"。然而，"过去了的事"大都已不复存在，对"时间性""事实"的知识，比起表面看为"无时间"的"自然"的知识，在它们的可靠性方面，似乎又多了一层障碍。更何况，"自然"也是变动不居、充满矛盾的感性现象，"自然知识"本身的可靠性本就是古代哲学家们的一个难题。当这些哲学家们把"人"也作为一种客观对象来加以考察而发现只有"理念"（概念）知识最为确定时，"说故事"就不被看成哲学和科学的事，而与"神话"、"传说"相近。这也许就是在早期"神话"、"传说"与"历史"不易分开的原因之一。

世界上各个民族似乎都有自己的古老的"神话"和"传说",这些"神话"、"传说"往往成为人类文学艺术宝库中的珍品,但它们同样是一种"历史意识"的表现,是人对自身存在的时间性和空间性(地域性)的体验的表现,因而我们可以说,古老的"神话"和"传说"

也是人们的基本生活经验表现出来的基本文化的特殊形态。尽管有一部分"神话"、"传说"后来被证明为有相当的真实性(如荷马的史诗),但"神话"、"传说"本身的力量并不在于它在知识上的可靠性。那些多数在知识上并无多少可靠性的"神话"、"传说"仍然揭示了一个基本的历史真实:人生活在时间中,时间并不是抽象的概念,而是具体的经验。历史上发生过的"事"的细节的真实,是难于穷尽的,大多数不可考,但基本的"事"却是颠扑不破的,必定是"真"的。中国古代可能并无"神农氏"这个人或这个部族,但稼穑之事,百草之味,必定是有人种,有人尝,作出试验、付出了代价,才得出来的"经验"。这种"必定",虽不像1+1=2那样带有概念的明确性,尽管在另一个公理系统中1+1 ≠ 2;"历史"的"必定性"却也不能更换公理系统,而只有在"人"这个系统中才有效的。在这个意义上,"神话"、"传说"等诗的艺术和"历史"又有着非常本质的联系。

然而,"历史"毕竟要成为一门"科学",所以希罗多德和修昔底德的著作和荷马史诗终究也是有区别的。人们认为,荷马所说的是一些"事件",而可以不是"事实";但史家的书当应作"事实"观。后者有"对"、"错"问题,而前者则不应以"对"、"错"来衡量其价值。

不仅如此,"历史"要成为一门实证性的科学,不仅要求记述"事实"的正确性、准确性和真实性,而且要求理解"事实"之间的规律性。"事实"的细节是不能穷尽的,历史知识的可靠基础在于历史事实之间的规律性的关系,即因果的必然的关系,与一切变动不居的现象的"度"一样,关于"度"、"规律"、"因果"的知识,才是可靠的、确定的。这样,历史知识的可靠性,就可以达到与自然知识可靠性那样相同的程度。作为一门经验科学的西方历史学,从近代以来,取得了长足的发展。

随着现代高科技、计算机以及社会学、人类学的发展,西方的历史学也在改变着自己的面貌,用他们自己的话来说,西方历史学正在经历着从经验"描述性"向着科学"分析性"发展。在这个发展趋势中,相当重要的一个环节就是计量工具的发展使经验的历史学成为"数学化的历史学"。这个理论,以"时间"的"大量化"为基础,使历史学的研究摆脱了不可穷尽、不可考证的个别"事件",而以"中长程"(La longue duree)的"社会时间"——"局-势"(conjunction)为依据,以此来具体化"无限连续性"中的大的因果性的确定性。这种研究方法上的转变,终于使西方的历史学家摆脱了研究"个别人事"的局限,而面向更为广阔的"社会"的"人(群)"和"事变"。

历史学与社会学、人类学、数学、经济学以及心理学等各种学科的结合所产生的积极的效果是非常明显的。这种结合,使历史倾向更为注重历史的"基本因素",由个别的"事实"转向"事实群体",在"饥荒、战争、瘟疫"以及"社会组织"、"土地所有制"……这些"基本事实"中求(经验)概念的稳定性,而避免纠缠于偶然的事故和因素,把事件之间的因果关系和结构模式结合起来,以"常规"(一般)求"例外"(个别),使历史学奠定在实实在在的理性分析甚至数学(统计)计量的基础上,增加了历史知识的可信程度。这是西方现代历史学家,特别是现代以布洛赫、费弗尔等法国历史学派所作出的成绩。

然而，我们在这里想要指出的一个不应忽视的事实是：尽管扩大了的"人"（社会）的概念能够使历史学取得更为坚实的科学基础，但对如何理解"社会的人"仍还需要作出进一步的探索。其实，早在这些历史学家作出这种方法上的变革很久之前，马克思已经提出了以社会的人为基础而紧密结合着经济学的历史唯物主义的观点。马克思历史唯物主义观点的优点在于并不把"社会的人"当作一个抽象的概念，而是十分强调作为社会的人之间的区别、矛盾、冲突和斗争，"社会的人"是具体的、有阶级的、划分为集团的，因而也是有特点、有个性的。我们并不能从"社会的人"中"抽象出"、"归纳出"一个普遍的"人性"（作为"人"的"理念"或"本质"）来。马克思关于历史的观点，是和他的哲学观点分不开的。然而，正是"哲学"对"历史"的思考，常常为西方的历史学家所忽视，或者被认为"已过时"应加以"舍弃"和"克服"的东西。

不错，对西方哲学的发展言，它对"历史"的思考亦有一个过程，甚至有一个较长的过程。

西方自近代以来，就"哲学"对"历史"的思考言，从康德到新康德主义的发展，是一个比较关键的时期。

大家知道，康德限制知识于经验的现象，而"人"作为实践理性的主体，在康德看来，本不是知识的对象。这样，康德的所谓"知识"，当然也包括了在时间和空间中进行活动的"人"的"历史"，"历史"成为真正的经验的科学，而那个"超时空"的"人"，则通过"实践理性"的运用导向了"神"，是宗教、信仰方面的事。康德这种割裂的作法，固然是很明快的，但却在理论上过于简单化，在实际上也有许多问题讲不通，尤其是他限制知识（实际上亦即限制"哲学"）

的作法，与西方自古代希腊以来的崇尚哲学、知识的精神相违背，过多地渗透了基督教和拉丁文化的作风而显得守旧，于是康德以后整个德国哲学沿着文艺复兴、启蒙主义开辟的方向发展而力图恢复哲学与知识的至高无上的地位，但又与历史的具体的发展过程协调起来，于是经过费希特、黑格尔，"时间"不仅被引进知性科学领域，而且为引进"理性"概念领域作好了预备性的基础。在黑格尔哲学中，思辨的"概念"不同于知性范畴，不是抽象的，而是具体的，有变化、有发展的，因而是有时间、有历史的。"历史"不是"自然的"，恰恰相反，它正是思想的、精神的、理念的，而"自然"是否有"时间"、"历史"似乎反倒成了问题。黑格尔的奠基性著作《精神现象学》，第一次一反康德的论断，把"精神"与"现象学"联系起来，"历史"不是自然或人种的、社会的进化，而是"精神"在"历史"发展过程中的"显现"。

不难看出，黑格尔的这种哲学上的变革不是很彻底的，他承认了康德学说的许多前提，只是在最后的阶段，在总体的层次上，把"哲学"与"历史"统一了起来。"人"在黑格尔那里仍被设定为一个思想性的绝对的理性主体，而不是现实的、历史的存在。"人"的现实性只是"理性"本身的一种"要求"，是"理性"的特性所决定了的。这样，作为"理性"的"人"，仍是作为"现实"的"人"的逻辑的条件，"本质"与"现象"的"人"的逻辑的条件，"本质"与"现象"仍是分立的，它们之间的统一的过程，形成了"时间"、"历史"。

与黑格尔这种古典式的现象学不同，现代的现象学认为"人"并非绝对概念式的，不是纯粹理性式的，而正是现实的、经验的，因美的哲学而是时间性的，历史性的。"人"与"世界"的关系，并不是"基督人世"式的转化关系，不是一个"理性的存在"、"精神的存在"降入"凡尘";事实上，"人"本就是"在""世界"之中，"人"是"世界中"的"人"，"世界"是"人""生活"的"世界"，这是最基本、最纯粹的关系。"人""生""世界"中，就是"时间"，就是"历史"，因而"历史"、"时间"并非抽象的"理性"的特性，而是具体的、实在的"人"的特性。"时间"与"历史"是"人"的最基本的存在方式。

现代西方现象学对黑格尔现象学的变革，是由新康德主义诸家作好了准备的，因为新康德主义不满意黑格尔的绝对唯心主义、理念主义体系，不赞成"绝对"之悬设，而主张以文化学和人类学扩充康德的知识论，企图把"哲学"从黑格尔"绝对理念"的"天上"，拉回到实实在在的尘世中来。应该说，他们的做法在康德哲学那里也是有根据的。这个思潮中的卡西尔、文德尔班、狄尔泰，都对文化哲学、人类哲学以及历史哲学有不少贡献，而且都对当代现象学以及由此发展出来的解释学（释义学）有重要的影响。

把普遍的、绝对的、理念式的"人"还原为现实的、文化的、具体的"人"，迫使新康德主义者重新考虑对"历史"的理解，于是新康德主义有所谓"自然的世界"和"历史的世界"的划分，前者以普遍的规律为旨归，后者则以个别的、具体的事件为核心，从而有"普遍的科学"与"个体的科学"之分，而后者与其说是"科学"，不如说更像"艺术"。

这里应该指出的是：新康德主义的历史观——以及与其相接近的新黑格尔主义（如克罗齐）的历史观，正是现代许多历史学家和史学理论家大力反对并宣判为早已"过时了"的"思辨史学"的残余。我们这里所要补充的是：史学家和史学理论家固然有各自独第四部分艺术作为历史的"见证特的工作和贡献，但恰恰是他们所视为已不值一顾的哲学上的新康德主义对当代现象学、解释学以及目前尚非常活跃的诸家有深刻的影响。一个似乎相当奇怪的事实是：尽管西方当前哲学界——尤其是欧洲大陆诸家，大部分人都以"历史"作为自己哲学研究和思考的核心问题，但西方的史学界对哲学家们这种思考似乎觉得可以置之不理。

在西方，当各门具体学科在努力摆脱哲学—形而上学的羁绊而寻求自身独立的发展时，哲学则要迎接各种的挑战，为自身的存在寻找辩护的理由。哲学最初曾为迎接"物理学"的挑战而把自己说成为"元物理学"—"形而上学"，而当"逻辑学"、"心理学"都相对地发展了起来时，哲学求助于社会学及文化学、人类学、符号学……，然而，当这些学科也都发展成熟起来之后，人们才深刻地感到，哲学用不着向其它学科"争夺地盘"，哲学的思考植根于基本的生活经验之中，是任何其它分门别类的学科所"争夺"不去的"地盘"；恰恰相反，没有这个基本的"地盘"，没有"生活"，没有"经验"，任何分门别类的学科都无从生长。哲学的根基是人类生活的活的树，这就是自然，也就是历史。因此，自然科学与历史科学（人文科学）是人类知识的活树上生长出来的基本果实，哲学与历史为其基本的形态，而艺术为二者的活的结合。

在西方，作为知识的形态言，哲学中的"元物理学"以自然科学为雏型，成为一个很大的传统，就这个传统看，现代现象学是这个传统的背离，而以生活的、历史的知识为雏型。这个现象学的奠基者胡塞尔为了与黑格尔的辩证的、发展的思辨理性划清界线，强调生活经验的直接性，"人"与其"生活的世界"有一种直接的关系。这就是说，在这个意义下，胡塞尔保存了"时间"、"空间"作为（先美的哲学天）感性直观形式这一康德主义的说法；这种非概念性的时空观'在他的学生海德格尔那里得到了肯定和发挥，由"直觉的形式"，成为"人"的"存在的形式"。"时间性"、"历史性"都是"人"作为一个特殊的"存在者"的存在方式。这样，"历史性"、"时间性"就成了人类生活经验中的最为基本的方面。于是，"历史"、"时间"代替了过去"逻辑"、"理性"在哲学中的核心地位，"逻辑"、"理性"同样也受时间、空间、地点、环境的制约，因而不是非时间、无限的，而是有限的。这个观念上的变化，应该说，是很深刻的。

"有限的存在"——这就是海德格尔那个不易翻译的"Dasein"的实际含义。就这个意义来理解他的"Dasein"，是和德文这个字的传统用法很一致的，只是有时人们把它想得太复杂了，反倒难以弄懂。"Da"意谓"那里"、"这里"，加在"Sein"前面，表示给"Sein"有一个限制和限定，是谓"具体的"、"有限的""存在"，而不是亚里士多德那个"抽象的"、"普遍的"、"一般的""存在"，或"存在的""存在"。亚里士多德这种"存在"只是一个"概念"，而"有限的"、"具体的""存在"才是实实在在的"存在"。海德格尔的特点在于把"Dasein"置于"存在论"的一个核心地位，从这个角度来理解"人"。"人"是一种特殊的"存在"，是"有限的存在"，而这个"有限的""Da"，就是指具体的"时间"和"空间"。"Dasein"就是有时间、有地点的具体的存在。在海德格尔看来，只有世界上出现了"人"这种"Dasein"后，万物"的意义才有了改变；正因为"人"原本是"Dasein"，才能向"万物"、"万有"和"世界"提出一个存在论的问题：关于"存在"的意义问题。如何理解"存在"的意义——这是传统存在论的问题，关键在于首先要正确理解"有限的存在"（Dasein）——这是传统存在论所忽视了的。"万物"皆有"性"，独"人"无抽象的"性"，它只是具体的"Dasein"，而却是出现了这个"Dasein"，才使"万物"

皆成"Sein"，有各自的"性"。

"有限的存在"就是"历史的存在"，就是生活在时间、地点与具体的历史条件中的"人"。"我在世界中"就是"我在历史中"。"人"是有"思想"、有"意识"的（动物）存在，这当然是不错的，但如果把"思想"、"意识"夸大到独立的、绝对的地位，以"思想的主体"（"我思"）来作为理解"人"及其"世界"的立足点，则是旧形而上学的失误之处。"人"作为"有限的存在"，不仅"我"的"身体"在"世界"、"历史"中，而且"我"的"思想"也在"世界"和"历史"之中。"我"的"思想"和"意识"是受"世界"和"历史"所"限制"的。在这个意义上，"思想"不是抽象的、永恒的、绝对的、无限的、形式的"逻辑"，而同样是具体的、受时间、地点、条件限制的历史性的思想。

于是，我们看到，海德格尔在"有限存在"的基础上，把思、史、诗统一了起来。非概念性的、具体的、历史性的"思"，就是富有"诗意的"、"瞻前顾后"的、"流连徘徊"的、"诗情画意"的"思"。"具体的思"，就是"诗"。所以，我们前面提到过的海德格尔所谓"人诗意地存在着"，就和他的"Dasein"的"有限性"、"历史性"统一了起来。"人诗意地存在着"就是"人历史地存在着"。在这里，我们也不难看出，这条被历史学家认为是"思辨的历史观"的思路，从新康德主义的"现象学"到海德格尔的存在论"现象学"，竟然都有一种共同的倾向：因强调历史的具体性和个别性，而不可避免地把"历史"与"艺术"联系了起来。

正当现象学，特别是存在论的现象学以历史性原则对逻辑性原则进行猛烈的攻击而发展成为当代"解释学"的时候，在法国兴起了一种结构主义的思潮。这个学派最初以更为实际的语言结构代替思想的结构——逻辑,然后运用于文学、艺术、心理、社会等各个方面,以与历史性原则相抗衡,对现代西方的哲学思潮有非常深刻的影响。结构主义以共时性涵盖历时性,在历时性的"现象"中寻求共时性的深层结构,这种倾向发展成:不仅重视各种文化现象的时间上纵向关系,而且更为重视空间上横向关系。我们看到,这种思想迫使法国的哲学家,特别是深受现象学和存在主义影响的哲学家改变自身的形态,以对"历史"和"文学"的另一种看法,来创建所谓"后结构主义"的新学派。

西方的思潮,从大陆理性派和英美经验派的发展至今出现了许多复杂交叉的局面,这种局面进而演化为当代"解释学"和"结构主义"的对峙。在迅速发展变化的西方论坛上,法国新思潮的出现,既可称之谓"后结构主义",也可以称之为"后现象学"或"后解释学",而又能努力将这两种对峙的思路衔接起来,使它们讨论的问题得到沟通。就问题来说,仍然围绕"意义"展开对"历史"和"文学(艺术)"的理解阐述。

"后结构主义"整个的思路在于进一步否定"纯粹的""意义",从而否定欧洲传统的以"纯意义"和"纯思想"为对象的"哲学——形而上学"的影响,而这种传统的影响曾形成了顽固而致命的"逻辑中心论"。现象学以讨论"意义"为重心,从"生活的意义"(胡塞尔)到"历史的意义"(海德格尔)固然有相当的进展,但甚至海德格尔本人也是不彻底的,致使他的"基本存在论"仍然在探讨"存在的意义",而在"意义的存在"和"存在的意义"之间划上了等号。他的整个学说的宗旨就在于使"存在"——也就是"意义""澄明",而这种"澄明",亦即"真理"。在"后结构主义"看来,海德格尔的"真理澄明"论在根本上也违背了他自身最初的立足点——"意义"、

"思第四部分艺术作为历史的"见证想"、"意识"都是"历史性"的。从这种"历史性"的"思"、"史"、"诗"统一的立场，本难看出有"透明的"、"纯粹的""真理"存在。正因为海德格尔把"存在的意义"等同于"意义的存在"，从这里很容易导向把"历史的思"与"思的历史"也等同起来，而由他的学生伽德默尔所建立起来的"解释学"正是在历史中探求"意义"的基本形态，从而接续了自狄尔泰以来的"精神文化学"—"精神文化史"的工作，成为承认"传统"、"偏见"的"有效性历史观"。

事实上，"思想"、"意识"、"精神"当然在"历史"中，但"历史"却不完全等于"思想"、"意识"、"精神"。"精神"没有自身独立的"历史"，这是结构主义很强调的反对"思辨的""历史主义"的立场。结构主义者强调人类各种文化现象都像语言一样，有受各种因素综合影响下形成的一定结构，这种结构，不是历史性的，而是共时性的，就连"历史"本身，也是由一些特殊的"结构"构成，只有在"结构"中，人类各种文化的"意义"才能被"理解"。在这种"结构"意义下的"历史"，具有明显的"非连续性"。

从这里，产生出福柯的"知识考古学"。福柯在长时期内被（特别是美国人）误解为结构主义者，事实上正如他强烈表白的，他的学说虽然不自觉地运用了一些结构主义的用语，但在旨趣方面是不同的。结构主义意义下的各种文化形态的结构，同时也是"意义"结构，以"理解"为依归；但福柯的"结构"是实际的"结构"，而所谓"文化（知识）的结构"不能自身独立出来，而只能存在于实际结构之中，因而福柯强调的"历时性"，又不是"思想史"、"意义史"，而是实际的关系网。"思想"、"意义"重"理解"，而"实际"则重"记录"，"思想"的东西成为"档案"。

围绕着"历史"与"意义"问题，福柯提出了一个相当重要的观美的哲学念，即要把历史的"文件"，如实地退回到历史的"纪念碑"（档案）来看，于是"知识（广义）的历史学"（"思想史"）就应是"知识的考古学"。所谓"考古"，就是把各种遗留下来的文献、实物当作当时存在于特定社会组织中的具体文物、档案来看，而不仅仅限于这些"文献"之间的思想上的联系。在知识考古学中，"文化史"就失去了自身的独立性，而必须依附于实际的、社会的历史结构，用我们的话来说，我们似可以把福柯的意思理解为：不是在物质的文明史中寻求"精神文明史"自身的"线性"的发展线索，而恰恰相反，要把精神的文明史如实地还原为物质的文明史来理解，才能恢复（记录）出这些文化、精神产品的实际地位。

从这个前提出发，福柯进一步指出，物质的文明固然是代代相传，是有连续性的，但所谓精神文化的各形态，恰恰是断裂的、不连续的。这里，福柯的立论，亦不仅仅是结构主义的，而是引进了那种"人"作为"有限的存在"的观念所产生的看法。人是有限的、"要死的"，任何伟大的精神产品都不能使"人""永恒"，因为无论多么杰出的作品，都是一定时代、一定社会制度的产物。写出来的书，不能保证作者不朽；"文学"不能保证"历史"永存不朽，因为任何"文学"（广义的文学作品）都不仅仅是"文件"和"文献"，而且同样是"实物"、"文物"。

于是，在福柯影响下，出现了当代法国相当激进的、德里达所提倡的"解构学"。

德里达的"解构学"（de-construction）广义地指"解"一切现成的思想、理论体系和结构，具体地却处处针对着"结构主义"和"解释学"。所谓"解构"，即"解散""意义"的"结构"。天下一切的理论、学说都号称揭示了宇宙、生活的"意义",但事实上,这些"意义"本是"人为地""结构"起来的,而这些人为地构架起来的各种"意义"体系,自身都充满了矛盾,不断地被"解体"。"解构学"要"解"的,就是那些本身已经在"解"的各种学说体系。历史本身在做这种"解构"的工作。"历史"是"人"写的,但"人"总是在"前人"已写过的、字迹已模糊的纸上"重新""写"自己的"历史"。

"思想"、"意义"当然是"历史性"的,而正因为这种"历史性",因而"思想"和"意义"是不可能真正的"澄明"的。人们写下来的是实实在在的"字迹",而不是一些空灵的"思想","对话"、"讨论"也不仅仅是思想的、逻辑的辩论,而是一种实际的行为,有实际的效果。"文字"是实实在在写上的、刻上的,数不清的"重写"使字迹模糊,而"记忆"和"刻痕"本身也会淡化、消亡,"意义"不是一眼就可看穿的,而往往是难以辨认的,埋藏在层层的陈迹之中。

在德里达的思想中,"历史"的真正作用在于以自身的实际性打破(解散)了在欧洲传统中根深蒂固的"逻辑中心论",而他本人在这方面的一项工作正是在于揭示这种"逻辑中心论"与"语言(音)中心论"的内在矛盾。

无论海德格尔的现象学或索绪尔的结构主义,都把"语言"看成一种透明的、精灵似的东西,好像在"语言"的"结构"中,"意义"是"澄明"的,因为"声音"似乎是"羚羊挂角""不着痕迹"的精神性的东西。事实上,"说"不仅仅是学术讨论、交流思想,而是要起到实际的作用的,在这个意义下,德里达认为"说"已包括在广义的"写"之中。正是在这个意义下,德里达曾提出"文(字)学"与"语言学"相对立。

所谓"文字",从广义来说,就是"刻"、"划"、"写"、"文",所以"文

（字）学"可以理解为"轨迹学"。"世界"作为"课本"，原已有各种"道道"，"道道"（"文"）是"现时"，也是"过去"和"未来"。"道道"是历史性、时间性，不是抽象的、孤立的"现时"。"说"是"言"，"写"（刻、划）是"行"，但"说"是广义的"写"，"言"是广义的"行"。"历史"是实际的、实践的；"历史"是"写"出来的，不是"说"出来的。"说"（思想、意识、理论……）在历史的实践之中，是广义的历史实践（行）的一个部分。这样，"历史"已不再像海德格尔所理解的那样，仅仅是限于"诗"，而进而为广义的、实践性的"文"，是"写"出来的"文学"。反过来从这个意义来看"诗"，则同样是实际的历史的一个部分。在古代希腊，"诗"原是"做"、"制作"之意，至今我们中国人还总在说"做诗"，所以，同样的，"诗"也属于广义的"文学"。

于是，我们可以说，"思"、"史"、"诗"相统一，即"思"和"诗"都统一于"史"——统一于实际的"历史"。"哲学"和"艺术"都是"历史"的一个部分，只有把"哲学"和"艺术"放在具体的时间、地点、条件中，即放在现实的历史背景中，才能真正"理解"它们。

西方旧形而上学传统把"人"的"本质"理解为"思想的实体"，这意味着，在这种传统看来，"人思想地存在着"，所以笛卡尔说，"我思故我在"。这个传统，自从康德指明不能以"思想""证""存在"后，从根本上发生了动摇；随着这种信念的破灭，"什么是'人'"则成了困惑康德的大问题，直到海德格尔，提出了"人'诗意地'存在着"，似乎有了一个新的、美好的立足点。"人'诗意地'存在着"与"人'思想地'存在着"针锋相对，结合着"思"、"史"、"诗"的同一性来考虑，在理解"人"的问题上，的确有一个新的境界。然而，"诗"与"思"的对立，如只限于"具象"与"抽象"、"形象"与"概念"、

"情感"与"理智"等方面，则"人'诗意地'存在着"仍不脱"人'有意义地'（'有思想地'、'有意识地'）存在着"的范围。认真说来，"人'诗意地'存在着"就是说"人'历史地'存在着"，这里的"历史"，就是平常我们说的"实际"、"实践"、"经验"等等，而又蕴涵着某种"价值"、"意义"在内。这就是说，"人"不仅是有思想的，有意义的，而且是实际的，现实的；但"人"又不仅仅是"现时的"、"当下的"，而且是"时间的"、"历史的"。"人"不仅有"理解"，而且有"记忆"，在"记忆"中"理解"，在"历史"中有所"思"，有所"想"，有所"为"，"兴"、"观"、"群"、"怨"都离不开"历史"。

"历史"是"时间"和"空间"的"世界"，因而"历史"不是"自我"或"大我"，也不是"大他"——绝对的世界。"大我"或"大他"严格讲来都没有或不是"历史"，"概念"和"天国"是无时空性的，而只有现实的、实际的"我"、"你"、"他"，才是"历史"的共同的主人。

二、作者·作品·读者

"历史"首先是"他人"的"历史"，不是"我"的"历史"，"我"的"历史"必定要在"他人"的"历史"之中。因此，在"历史"的长河中，"他人"是主位，而"我"是宾位，"我在历史中"，"历史"大于"我"。在这个意义上，"他人"、"历史"是"作者"，"我"永远只是"读者"。"我"永远在读"历史"这本大书。

"作者"、"作品"、"读者"之间的关系，从现代现象学以来，就成为西方文学批评的重要的问题，而这个问题之所以和哲学有密切的关系，正在于它同时也涉及到如何理解"人"这样一个关键问题。

　　按包括现象学在内的西方哲学传统来看，"人"很容易被理解为一个"作者"，而这个观念又和宗教上将"神"看成"作者"——"创造者"相对应。"人"被看成一个纯粹思想、纯粹精神因而是能动的主体，于是，正如胡塞尔所说的，就本质而言，人人都是"创始者"，

　　而世上之一切，都可以看成为人之"作品"。这样一种"作者中心论"产生了两个方面的结果。一方面，既然"作者"的思想、感情起主导、决定性作用，则"读者"的任务是要通过"作品"努力去体会"作者"的"原意"，就像宗教的膜拜者体会"神"的"意思"一样；另一方面，这种"作者中心论"如果贯彻下去，则世上并无所谓"读者"，因为人人都是"创始者"、"作者"，"读者"也是"作者"，"读""作品"，只是一种"再""创造"，于是有"一千个读者，就有一千个'哈姆雷特'"，之说。在这两种思路的发挥中，前者是早期的解释学，如施来马哈、狄尔泰所提倡的，认为"读"就是努力从思想上、心理上、时间上去"设身处地"地"体验""作者"之"原意"，而这种"原意"，在他们看来，当然是指那些"天才作家"们的、值得人们去体会的"意思"。后一种说法，则是当代解释学所讨论的热门话题，他们主要是强调"作品"对"作者"的独立性，而为"读者"留下发挥、"填充"、"创造"的余地，从而也为他们的"有效性历史观"提出一种佐证，可以肯定历史传统的影响，而又可以从解释中阐发出历史的新东西和新发展。

　　"读书"就是体会作者之"原意"，这是一种很普通的观念和方法，但在这种观念和方法的背后，却有一层哲学的道理：所谓"原意"，即"原始的、本来的、起始的""意思"，因而"原意"就是"作品"的"起源"，"作者"就是"创造者"。与此相对应的，所谓"读"，就是要通过"作者"的"作品"，体会"作者"的"原意"。"作品"

不可能面面具到地、全面地把"作者"的"原意"表现出来，所以读者不光要仔细研究"作品"有关材料，而且要依靠别的方面的材料，把"作者"的"本意"——"作者"的思想、感情弄清楚；而要弄清"作者"的思想感情，就有必要弄清"作者"的"生活"以及他生活的社会历史背景等等，但这些客观的材料本身又是难以穷尽的，于是导致了文学批评中的一种历史主义的、心理主义的考据方法。

然而，"作者"在写作时，是一个活生生的"人"，他的思想、感情固然受一定的社会历史条件和个人生活的支配，但面对着社会、家庭、个人的各种复杂的矛盾，面对各种形式的"问题"，他的"选择"和"态度"，却不容易完全靠经验或形式的方法计算出来的。这就是西方现代现象学以来常说的，"人"是一个"主体"，"作品"是"作者"的"主体性"的表现，是"类主体"，而"主体"不完全是知识的对象，是"科学"和"知识"所不能完全穷尽的，这样，所谓"作者"之"原意"，则也不是用经验和形式的方法"计算"、"推演"或"归纳"出来的。"读者"对"作者""原意"的把握，多少带有几分"猜测性"。这种"猜测性"的阅读方法，使人想起那宗教式的"解释""神谕"的方法。在原始宗教的范围内，只有那种具有特殊聪明、才智和灵感的人，才能"读出""神谕"中"上帝"的"原意"来。

这种"作者"中心论，当"读者"和"作者"处于同一个层次时，"读者"就会自行消失，"读者"也成了"作者"。所谓"作者""原意"既然只能是一种"猜测性""对象"，"读者"就可以有权发挥自己的想象力来"再造""作者"的"意思"，而不必受到任何严格的审查和检验。"天才的作品"提供了"天才的读者"，使"读者"的"再创造"提高到"天才的"水平，即"天才的读者"亦即"天才的作者"。

然而，"作者""原意"不仅似乎永远是一个"秘密"，而且有时竟是与"作品"关系不大的偶然的契机，譬如巴尔扎克勤奋写作为了挣钱，某些戏剧的编撰是为了个人讽刺、报复的原因等等，这些情形古今中外都有，像阿里斯多芬的名剧《云》就是揶揄苏格拉底之作，这样，所谓"原意"不仅是"不可知的"，甚至是"不必知的"。因此，尽管不少"作者"尚活在世上，我们可以直接"采访"他们而让他们"说明""原意"，但这种"作者"直接的陈述如书中之"作者自序"，固然可以提供不少有关的材料和知识，但能否提供真正的"原意"，

仍然是可以怀疑的，而"作者"自己提供的"证词"，有时甚至是无关紧要的。"作者"并不能保证是"作品"的最佳和最公正的评论者，更不具有评论的"权威性"。

于是，人们把目光转移并集中到"作品"上来。"作品"显然比"作者"有一些明显的"优越性"。首先，"作者"是"要死的"，我们所读作品的大多数作者都已"作古"，无从直接"采访"，而"作品"似乎倒具有某种程度的永久性。"人"靠各种形式的"作品"把自己的所见、所闻、所思记录下来，传诸久远。"人"以"作品"使自己"不朽"，因而"人"只有"死去"，才能"永生"。

"人"的"作品"是"人"的存在的"证据"，而"人"本身又是这些"证据"的"识别者"、"保持者"和"见证者"。"后人"通过"作品"为"前人""作证"，"读者"通过"作品"为"作者"的"见证"；既有"作品"，必有"作者"；既有"作品"，必有"前人"，必有"过去"，必有"历史"，"作品"为"历史的""纪念碑"。而有"什么样"的"作品"，就有"什么样"的"作者"，"作品"又是"作者"是个"什么样"的"人"的具体的"证据"。

然而，"作品"又把"作者"和"读者"都虚拟化、理想化了，

而具有一种更为普遍的意义。"作者"、"作品"和"读者"好比历史上的"过去"、"现时"和"未来","过去"和"未来"都不是"现在",是"虚拟的"、"理想的"、"间接的",只有"现时"是"实在的"、"直接的"。"作品""设定"了一个理想的"作者",也设定了理想的"读者"。"作品"对任何"读者"都是开放的,人人都可以"读","作品"对任何"作者"也都是开放的,人人都可以"写",事实上,人人都参与了"写"和"读",就像那高楼大厦、飞机大炮一样,是集体的智慧和劳动的产物。文学作品亦复如是。"作者"必是在各种层次的意义上有教养、有知识的人,"我"写进"作品"中去的内容,绝不可能全都是"我"的,而可以说绝大部分是"他人"的,是"他人""教""我"、"告诉""我"的。"我"所用的"语言"不是"私人的",而是"公众的",是可以交流的,因而是大家都可以"读"的。"我"要"说"的"事"和"意思",也都是大家可以通过各种途径和方式、经过不同程度的努力可以理解的。不仅如此,"作品"——广义的"写"出来的作品还摆脱了"人"与"人"之间直接"对话"时的那种主观的情绪式的背景环境,而使"对话"双方都集中到"作品"所提供的背景中来,即都围绕着"作品"的内容结构来展开对话。"作品"使"作者"和。"读者"的"我"都转化为"他人"。无论"写"和"读",都要求暂时地、至少部分地"改变"或甚至"放弃""自我",而投身于更为广泛的"他人"之中,暂时地转换"现时"的、直接的背景,而置身于历史的规定的背景中去。在目前社会高度复杂化的系统中,事实往往是:直接的"现时"竟然是非本质的、非基础性的,常常是"过眼云烟",而经过"时间"推移的"过去"、"历史"却展示了某些生活的基本的方面。在这个意义上,"作品"说的虽是过去的、想象的、甚至是虚构的人和事,但却吸引入、迫使人进入一个基本的生活经验的世界,进入"过去"和"未来"的世界。

"作品"似乎提供了与"现时"、"现实"世界不同的另一个"现时"，而这个"现时"对当前的现实世界来说，是虚拟的,可能是"过去的",也可能是"未来的"，因而是真正的"历史的"。

"写"为"提供"一个"他在世界"；"读"则"享受"这个"他在世界"，而无论是"写"和"读"，都是令人"回忆"、"想起"那个基本的生活经验的世界，那个历史和时间的世界，从而扩充我们的眼界，而不局限于眼前的声色货利。

从这里,不难看出，既然"他在"早于"我在"，于是我们也可以说,广义的"作品"早于"作者","佚名"的"作品","无作者的""作品"早于"有名的""作品"。"作品"而"无作者",这样就把西方传统的"作者中心论"从根本上加以否定了。"无作者"不等于"无人","无人的世界",不是"作品的世界"。但"人"不等于"作者",从某个意义上来说,"人"首先是"读者",然后才是"作者"。

应该说明，所谓"读者"、"作者"都不是一种定义式的概念,它们之间的界限是难以截然划分的。就每个具体的人来说，总是既是读者又是作者。然而，我们也不能像过去现象学所坚持的那样,"读者"同样是"作者",因为"读"是一种"再创造",所以也是一个"创造者"。相反的,我们却要说,任何的"作者",首先总要先当"读者"。"学生"是"老师"培养出来的,但要当"老师",必先当"学生"。"读"就是一种"学习"。

"学习",首先要向大自然"学习","读""天地"这本大书。世上自从有了"人"之后，"天地"、"自然"就成了一本必读的大书,而"他人"教"我"如何去"读"这本书。因而，从总体来讲，天地这本书不是"自然课本",而是"历史课本"。当然,"我"也"写"书,为天地这本大书增添篇章，但毕竟"我"是先"读"后"写"，而不是先"写"后"读"，就像我们总是先"听"到"话"，然后才"有话""说"的。

这里的问题在于："话"不可能孤立地、抽象地、精灵似地存在，或附着在某种符号、记号式的"载体"上存在，"话"存在于"写"和"说"中，"话"本就存在于山山水水之中。世上只要有"人"存在，山山水水都在向我们"说话"，都在"告诉"我们一些"什么"。从这个意义上说，对我们人类而言，"天地"这本大书，早已经是"写"出来了的，只是这本大书没有"作者"——没有"神"，也没有"字"——"字"是"人"后来发明的记号，因而是一本"无字（天）书"。因为它"无字"，连"文盲"也要读，也应该读，也能够读。在"文字"记号发明之前，大家都是"文盲"，但都在"读书"，因为这是一本地无分中外，时无分古今，而人人都需要、也应该"读"的"书"。这是一种基础性的"文化"、"文明"，反映了"人"与这个世界的基本的关系，而以后的进步和发展，都不应离开这个基础。

"书"离不开"话"，"话"归根结底是要"说"出来的。"人"的"语言"功能，使"世界"不仅仅是提供物质生活资料的环境，而且是需要"理解"的"对象"。"人"的"语言"使"世界"有了"话"。然而，"话"不仅是"听"来的，而且也是"看"来的，"无声"的"话"比"有声"的"话"更深沉，"无声"的"话"早于"有声"的"话"。在完整的分音节语言完善化之前，人类早就有了"话"，"话"就"写"在"天"、"地"、"人"之间。那是一些"念"不出"声"的"话"，就在那高山流水、风声鹤唳之中，就在那"他人"的活动之中，在实际的实践之中。这些"话"在文明人眼里，是很不完善的，但却仍是最为基本的。

　　所谓"话"，当然是指"意思"、"意义"这类的含义，"说"总要说点"什么"，这个"什么"被理解为一些"观念"，但这个精神性的"什么"，与物质性的"什么"本是统一在一起的，并没有什么独立的、抽象的、精神性的"什么""存在"。山山水水的"话"、"意思"、"意义"是和山山水水的物质的存在不可分割的。人的世界，本是一个充满了"诗情画意"的世界。"物质的世界"，也是"美的世界"。这样的世界，并不是只在人类原始、野蛮的初期才有，而是一种最为基本的现实的关系，只是在早期阶段，这种关系有时反倒表现得相当明显而已。

　　自从世上出现了"人"，早已存在的物质世界增添了自身的"意义"，成为一本早已"写"好的"无作者"的"大书"，"世界"成为一个"课本"。于是，那些山山水水就具有笔划、道道的意义，"世界"向"人"显示出无穷的相互区别的"痕迹"，通过这些"痕迹"，"世界"向人"说""话"。"人"作为这个物质世界的一个部分，有着自己的物质性活动，改变——增、删着世界的"道道"和"痕迹"，"人"也在"写""书"。但，人的"写"和人的"说"一样，不是想"写""什么"就"写""什么"，想"说""什么"就"说""什么"，"写"和"说"都不是人的主观随意性的表现，而是按照世界所提供（教导）的"痕迹"来"改造"——"改写"、"重写"。因此，"人"首先要"读"那些原已"写"好的"话"，来"写"自己要"说"的"话"。从这个意义来说，我们自己说的"话"，绝大部分是"他人"已经说过的"话"，只是在不同的背景条件和目的意图下起着不同的实际作用。譬如战场上"冲啊！"是战争中常喊的口号和命令，但各次战争的性质不同，每次战役的情况不同，作用当然也就不同，但我们之所以会在特定条件下高喊"冲啊！"，当是别的战争"教"给我们的，我们是从"他人"（别的战争中的战士）"学"来的。从如今时兴的"认知发生学"来说，人有一种按照自己的意图灵活运用、组合语言（话）的能力，发生语法（生成语法）就是研究这方面的问题，但语言的普遍性当要由经验的普遍性、可沟通性来保证。我们说的"话"之所以能有这种可沟通性，不在于我们有组织语言的能力——这一点当然是必不可少的，而在于我们在说"话"之前，早已经"听"到过别的"话"，这样才能保证我们所说的"话"既是自己的"意思"，又有与"他人"的可交流性。

对于"意义"的理解形式，胡塞尔强调"看"，海德格尔侧重"听"，而这二者本又是统一的。胡塞尔认为"世界"本就是"理念"，"理念"是视觉性的，是"看"出来的，他叫做"本质的直观"，"本质"不是抽象的、概念的"基本特征"，而是具体的、直接的；"本质"不需要绕大弯子通过概念、判断、推理或者归纳出来，而是一下子就可以"看"出来的。在这个意义上，"看"是"看"已经"写"出来的东西。作为一个活生生的生活中的人，我看出来的"世界"并不是一些原子、中子、质子……的组合，不是物理、化学、生物……各门科学里的概念和范畴，也不是无概念的纯物质的世界，人的眼光不同于动物的眼光，我"看"到的就是这样一个直接显现在我面前的具体的世界，是一个"无名"的而又有具体区别、不是混沌一片的世界。"名"不是最原始的，也不是最稳定的，但实际的"区别"，"本体论—存在论"的"区别"，对生活的人来说，则是最基本的经验事实。远古时期"象形文字"的存在，说明了"意义"离不开"看"，即使最为发达的拼音文字，也不能完全排除形象的想象。

然而，语言毕竟不是"象形"的，把"可见的意义"转化为"可听的意义"对人类文明来说，是一个很重要的进步。分音节的"声音""说"的是"可见的世界",但却脱离了这个世界,出现一次总体性的大抽象,对这种"抽象"的可靠性,一直到智者学派时代,都还受到怀疑。这个怀疑当然是很有根据的,因为这种"脱离"和"抽象",就增加了人类的"知识"犯错误的可能性。"意义"本来是在"世界之中"的,现在似乎"脱离"了这个世界,而自己成了一个系统——声音的系统。"语言"似乎成了"意义"存在的纯粹的、独立的系统,与实际的世界系统相平行。

自从"语言"成了一个独立的系统之后,"思想"就更加自成体系了,因为"语言"经常被理解为"思想"的直接实现。"语言"、"思想"、"意义"已不是"世界"中的一个部分,而是与"世界"相平行、甚至"超越""世界"的"另一个体系"。记录"语言"的"文字"的发明,最终促成了这一系统的独立,使原在"时间"中"内在的""语言",有了一个"空间"的、外在的存在形式,而这种形式又不同于其它的物质空间存在形式,是一个"记号"形式,从而维系了思想、意义系列的"独立性"和"纯洁性"。

狭义的"文字"的发明,使人类历史进入"文明史",即人类的"思想"、"意义"不再寄生或埋藏于实际的物质的世界之中,而依靠"记号"系统,自身得到了一种特殊的存在和保存形式,而这种特殊的保存方式,又反过来深刻地影响着人对那个物质的世界的看法。

来自"文字"的"教育",使人类的"视"、"听"以及一切感官,都发生了革命性的变革。在这种影响下,"历史"似乎被分割成两个部分:物质文明史和精神文明史。"思想"、"意义"……似乎也有了自身独立的"历史"。"交往"不仅仅是实际性的,而且也有思想性的;"读书"与"做事"被分割了开来.“读书"不是"做事"的一个部分,不是一种特殊形式的"做事",而是与"做事"不同的活动,甚至成为与一般"做事"不同的另一种"事","思想"与"实践"被分割了开来。这时候，一方面，"哲学"、"文学"、"艺术"……在社会中成了专门的、独立的"行业"，可以有专门的人才来从事这种"工作"；另一方面，这些"行业"也就有了自己的"历史"，在"时间"上也有自己的连续性和继承性。于是，在人们的现实的、实际的交往中似乎分化出了一种纯粹思想性的交往关系，"历史"不仅仅被理解为实际的历史，而且也被理解为思想的历史，理论的历史。只有在这种分化的前提下，人们之间的实际的对话、讨论，才被明确地分为"作者"和"读者"两个阵营。

在出现了这种分化的现象之后，人们似乎又增加了一项任务：如何来理解这种"纯思想性"的关系。对于这个问题，我们首先看到的是："作者"和"读者"摆脱了那种"说"与"听"的直接的、生活的关系而成为一种间接的关系。"作者"与"读者"之间隔着一本"书"。"书"当然也是"物"，但它又不是一般的"物"，它直接"记录"着"思想"，"书"之所以成为"书"，是在于它上面"写"着的"话"。"书"是"写"出来的"话"。"话"的组合，成为书的"文本"。"读""书"就是"读""书"上那些"话"，所以"读"是一种思想性的、理论性的活动，而不是现实性、实际性的活动。

就"作者"来说，一切的"写"都是为了"读"，因而是一种社会性、历史性的活动。"书"为"他人"、"后人"而写。这个事实，似乎容易造成这样的观念："人"是"要死的"，但"思想"——写出的"书"——是可以不朽的，"话"可以比"人"活得更长。"写"下的"话"可以影响千百年以后的人。"书"都有某种"遗嘱"的意味，而且这种"遗嘱"代代相传、自成体系，似乎不是"世界"产生"书"，而是"书"本身产生"书"。文明史成为"书史"，成为"遗嘱史"；思想的"遗嘱"不是根据实际情况写的，而是根据祖宗的法规、前人的遗训定的。而"遗嘱"的存在，说明人对思想的必然性、普遍性、永恒性和久远的有效性抱有相当大的信心。"遗嘱"的"作者"相信，未来的读者必定接受它的"遗嘱"，按照"遗嘱"中的"话"去办事。

"哲学"似乎是人类所能作出的最高的、最强有力的"遗嘱"，至少在西方人传统中"哲学"居于这样的地位。"哲学"是"纯思想"的学问，是"纯意义"的体系，"哲学"以最高的永恒性、必然性为自身的特色。

然而，"哲学"毕竟不是"宗教"。《圣经》只有一本，"哲学""书"则不计其数，永恒的、必然的、普遍的"哲学"居然也有自己的"历史"。"哲学"的"历史"，是"思想"的"历史"。历代哲学的书，都是"作者"首先"读"了前人和同代的"他人"的书重新"想"了一"想"之后，"写"出来的。"写"是"读"的结果，是"听"了"他人"的"话"之后，"说"自己的"话"。这里的问题在于：这两种"话"之间，是有相同的地方，又有不同的地方。所以，哲学的"书"，都是一些相同而又不同的话，在总体上说，是一些不同的"书"，不同的"话"，不同的"思想体系"。就哲学来说，"书"与"书"之间，后人与前人之间竟然有许多否定的、矛盾的关系，不同的哲学家，不仅说着不同的话，而且说着相互冲突的话。"哲学"本身的"历史"揭示了"哲学"本身的不完善性和非永恒性。不错，在西方人眼里，"哲学"是一个纯意义、纯思想的体系，但这个体系是人（作者）建构起来的，"世间"本无这种"建造物"。你可以建构起这个体系，我也可以拆去这个体系，拆、建这种"纯思想"的建造物，本无当下实际的影响。所以，所谓"读"哲学书就是指把书中的思想体系"解"散开来，重新"理"（想）一遍，这就叫"解读"或"读解"——"理解"。中文里"解"、"释"……都有"散开"的意思，而"理"则为（重新）"整理"，（重新）"建构"的意思。在这个意义下，"读者"就不完全是被动的，或者说，完全不是被动地接受"书"中的"理"（体系，建构物，文本），而是利用"书"中的"材料"——即将"作者"的"话"当作"材料"，重新"建构"自己的"文本"。"解读"是一定要"打散"原来的文本的，当然这里并不意味着对这些"材料"可以"任意"运用。尽管我们可以说，两个活生生的人不可能有完全相同的"想法"，但哲学的历史毕竟还是承认那些大家们的书，只是我们不应将这些"书"仅仅看成一些思想的"文件"，使哲学的历史成为脱离实际生活的纯粹的思想的历史。哲学的"书"和"文件"，必须放回到它所得以产生的生活和历史中去。"作者"不是抽象的"思想者"，而是活生生的现实的人，他"写""书"固然有自己的特点，但归根结底，也是在"做""事"，"书"也是"事"，"文件"要还原到"纪念物"和"档案"去理解，表面上看来非常抽象、非常概念化的"哲学"著作，却都是有实际内容、受社会历史条件制约的，不是"历史"在"哲学"中，而是"哲学"在"历史"中。"读"哲学书似乎可以看成一种"思想"的"回忆"，把历史上"他人"对这个世界的"想法"，重新温习一遍，重新"想"一遍。"哲学"（书）的"作者"一个必要的设定是："他人"（前人、后人、读者）也会"思想"，因此他要和"前人"、"后人""讨论"，"理解""他们"是怎样想的。他要"读""他人"的"书"，以他人的书来自己思想，他"写"的"书"也是要帮助、启发"他人"（后人、读者）自己去思想。在哲学领域中，大家们的书都不是封闭式的，都是启发式的，即使是热衷于建立完善体系的哲学家——如黑格尔，他的书仍是具有启发性的。这就是说，他们的那个"体系"实际上自己已经在"解体"，是一个充满了内在矛盾的体系。大家们的书之所以具有启发性，就在于他们不回避矛盾。"矛盾"迫使"思想"回到"历史"，使"思想"不至停留在形式的同一律上，从而"打破""思想""自身完满"的"自我陶醉"。

在各种思想形式中，文学和艺术是最富有历史性的形式。"哲学"迫使人回到"历史"的"思想"；"艺术"则迫使人回到"历史"的"生活"。

三、艺术作为"活的"历史的存留

历史是有时限性的，所谓"有时限性"就是指有时间的和有限的。历史是一种"绵延"，但不是"无限的"、"无时限的"，而是"有限的绵延"。"历史"不能使"人"永存，相反，"人"在"历史"中就意味着"人"是"有时限的"、"有限的"。"历史"当然是"活人"的"历史"，但同时也包含了"死人"的历史。"历史"为"过去"，而"过去"则充满了"古人"、"死人"。"古人""死了"，但他们都曾经"活过"，都曾经是"活人"。"历史"的发展不能使"死人"复活，历史的著作、文献，考古的文物、遗迹都不能使"古人"复活。同样，任何的"艺术作品"也都不能使它所涉及的"人"和"事"在实际上真的"重复"出来。

"作品"同时也不能使"作者""永生"。不仅作品的内容和作品本身都在"时间"中，"作者"也在时间中。"人"作为有限的存在，他的一切作品（包括艺术作品）都是有限的；只有"宗教"才把"活"的原则无限夸大为"神"。

"历史"作为一种知识，面对着"死人"、"死事"，"时间"成为一种"计量工具"，年月日时刻分秒，用以计量过去了的"事"，这个"事"

已成既成"事实"，无法变更。谁也不能改变"历史"，而对"事实"，人们只能加以承认；对这些"事实"的"理解"，只能是"理解"它们之间的前因后果。就连历史上"古人"的"思想"，我们也有一套逻辑的工具，来"理解"它们之间的"结构"。这就是各种分门别类的"历史科学"以及各种分门别类的"思想史"、"科学史"的任务。

　　然而，"死人"毕竟不同于"死物"，"死人"虽已"物化"，但它（他）们毕竟"活过"。"历史"之所以能成为一门真正的科学——研究那早已"不存在"的"人"和"事"，正是基于这样的一个基本的经验："古人"虽已"不在"，但他们确确实实"在"过。这里的"在"，就是"活"，古人已死，但曾经活过，这是人类作为有限的活的存在的基本的生活经验，因而人对自己的种族有一个"历史"这一点坚信不疑。近代西方某些学者对历史知识和历史科学的可靠性的怀疑，是离开了人的基本的生活经验，而作一种抽象的、理论的思考的结果。从脱离实际的"纯理论"角度来考虑、怀疑一门以"不存在"为对象的科学的可靠性，表面上是很有理由的；但这种抽象的、纯理论的讨论，丝毫动摇不了人们对历史知识的信心。当然，"信心"不等于具体知识，作为生活的人的基本经验也不等于专门的科学知识。历史科学自然也会像考证地球上哪一个时期出现恐龙一样去考证人类作为一个生物种类的起源，对于过去的人和事的具体的真实性，当然也是史家研究工作范围内的事，只是这一切的研究工作都是建立在人对自身历史的基本信念的基础上。"人"本是一种"历史性的存在者"，即"历史"是"人"的基本存在形式。

　　历史知识和科学的特点在于它以"不在场"或不可能"在场"的"人"和"事"为"对象"，这种知识的可靠性只能依据"证据"，即文件、档案和文物、遗迹。"证据"即是"见证"，即"看到了（看到过）"那个"人"和那件"事"。"我"不是"古人","古人"所作所为，"我""不在场"，但通过"证据"，"我"也可以"看到"那些"事件"。从这个意义来说，"历史科学"就是要揭示那些历史的"证据"，以便人人都可以做"历史的见证人"。而从这个意义来说，"史家"似乎又像"法官"，在"证据"的基础上作出"判断"。"史家"这种"法官"的身份，在中国的传统的观念中，倒也不是很奇突的。"历史"并不是"事实"的罗列，也不仅是客观因果的叙述，而是"功"、"罪"的论定，是根据"历史的证据"评定"历史的功过"。

这种按证据、事实论功过的历史观，说明了人的历史与自然的历史之间的不同的特点，说明了历史科学作为一门人文科学与自然科学的不同的特点，尽管二者在把"对象"作为"事实"来看这一点是一致的。这说明了人的活动，不仅是因果系列中的环节，而且也是道德系列中的环节。人对自身的活动是"有责任的"，因为人在活动时，人是"活的"，是"自由的"，因此人对自己的一切活动都负有无可推卸的责任。这是评定功、罪的一个必要的前提。

然而，"人"是有限的存在，人的"活"的原则也是有限的，不是无限的，因而"人"没有"无限的自由"。"人"的"自由"也是"有限的"、"历史的"、"时间的"。因而道德、责任、功罪也都是历史的，不是抽象的。"自由"为"选择"的"自由"，"无可选择"在理论上是不易成立的，但在实际上是容许辩护的。

西方的形而上学哲学传统，强调一种单纯的、抽象的"自由"，这是和近代资产阶级在政治上所提倡的观念相呼应的；在古代希腊的哲学中，并无"自由"这个范畴的地位。在西方哲学中，所谓"自由"归根结底是指"思想"的"自由"，而"思想"又被设定为纯粹的精神性的形式，因而"思想"被理解为存在论上的"无"，在现实的世界"找不出""思想"这个东西（物）来。在这种哲学看来，"人"被设定为"无"，是一个"创始者"，"始作俑者"，因而是"自由者"，"世界"对这个"无者"，只是"可能性"，不可能"限制"这个"自由者"的"选择"。这种哲学认为，只有这样，只有把"人"设定为"自由者"、"无"，他对自己作出的选择所负的责任，才是"无可推卸的"，而不是"有所推托的"。

我们看到，这种哲学，甚至自称为"存在论"，实际上是把"人"仍然归结为单纯的"思想者"，而不是有血有肉的、活生生的"存在者"。

"人"作为有限的存在者，只能享受由历史提供的有限的自由，人的选择也是有限的，不是无限的。我们可以承认有"思想的自由"，但"思想的自由"同样是"历史的自由"。因为"思想"是有内容的，具体的，有"你"的思想、"他"的思想，而"我"的思想，不能不受"你"和"他"的思想的影响，因而"思想"本是历史性的，"思想的自由"原本也是历史性的。从这个意义说，"自由"是历史性的，"责任"也是历史性的，"功罪"也是历史性的。

"历史"是一种"知识"，同时也是一种"理解"和"批评"，但并不是说，"知识"必是抽象的"纯客观的"，而"理解"和"批评"则又是抽象的"纯主观的"。因为在最基本的生活经验里，知识的"见证"和道德的"见证"原本是不容分割的基本要求。

科学和道德"需要""证据"，而"艺术"本身就是"证据"，"艺术"本身就是"历史"的"活的见证"。

"艺术"不"需要"另外的"证据"，它本身就是历史生活的"见证"，这样，"艺术"作为一种基本的文化形态就和"科学"和"道德"都有所区别。艺术作品原则上不要求"事实"的真实性，因而它不需要一种非艺术的证据来证明这种真实性。艺术有其自身的真实虚构的。艺术作品内容可以有现实的（以及历史的）真实性，也可以是虚构的，但它作为"故事"——即历史的事件，却展示着过去了的生活的图景，提供给人们"看到"那种生活。艺术作品不是历史教科书。"教科书"的内容符不符合历史"事实"，当有别的"证据"来证明，但艺术品本身就是一种证明。当然，艺术品也可以是"伪证"，但这种"伪证"并不在于它所说的"事"不是"事实"，而在于把"有限的可能性"歪曲为"无限的可能性"，即虚构了历史的"不可能性"。

艺术的虚构，显示了艺术承认历史的可能性，即历史是活人的历史，而不像（历史）科学那样，把历史事件当作已然过去了的古人所作"事实"之间的关系来研究，艺术以努力恢复"古人"的"活人"、"自由的人"的历史面貌来表现。但既然人的"（生）活"、"自由"是有限的、历史的，因而艺术的这种虚构也是历史的、有限的。

从某种意义上说，"历史科学"是历史"事实"的见证，而艺术作品则是历史"生活"的见证。科学家看到的是铁板钉钉的"事实"；艺术家眼里则是活生生的"人"和"事"。他们的眼光虽然各有不同，但"看到"的都是"历史"，而不是"非历史"。

艺术的真实与历史的真实是一致的，但又是有区别的。历史的真实是以（历史）"专门家"的身份来考证、鉴别历史的事实，艺术的真实则只是作为最为普通的人的经验就可以鉴赏。中国的戏剧（戏曲），扮演各朝各代的故事，在基本上，它要符合各朝各代的大的历史真实性，但并不要求绝对地符合历史的事实。戏曲的服饰，有一些基本的规定，这些规定曾很严格，但"理由"是多样的，有因为时代的，有因为民族的，也有因为社会阶层和个性上的，但却不必也未曾严格按各朝代的"时装"作出设计。戏曲的服装设计，只是基本上指出了它是"历史的"，而不是"现代的"，就可以给人一种艺术上的"历史感"，而无待详尽的考证。这固然是中国传统戏曲的一种独特的艺术风格，但也可以扩大开来，用以理解一切艺术作品，因为它符合艺术的基本要求，因而即使我们已拥有大批的历史服饰专家，也有一批在这些专家指导下新设计的历史剧（如历史题材的话剧、电影等）的服装，但观众不妨兼容并蓄地同时接受新旧两种设计，这就是因为艺术只要求一个基本历史的真实性，是普通人的事，而不是专家的事。举凡艺术中的一切细节，之所以有虚构而不必也不可能尽为"史实"，就是因为艺术品的作者和观众，都不以科学专家为标准，而是以普通的、日常的经验中的人为标准。在基本的生活经验中，"我"并不可能、也无必要知悉"他人"的一切生活细节和故事隐私。从事特殊职业的人（如侦探），根据某种需要去获得某些信息知识，这已是"专家"的行为；爱好饶舌的人，则以"道听途说"甚至"流言蜚语"来填补知识的空白，生活里时常有一些"风言风语"，流传着一些不尽真实、也不必"核实"的"故事"。事实上并不能排斥在这些有损当时人与人之间关系的"谣言"中可能会有一些具有艺术性的作品，虽然我们并不赞成某些西方学者说的"知识"源于"流言"。古代希腊的喜剧家把街谈巷议编成故事，讽刺伯利克里、苏格拉底这些有争议的人物；契诃夫的一些短篇小说，是朋友聚会时听来的，作家感到它们表现了某些基本的东西，激起了摆脱不掉的思绪，换一些名字便成佳篇。《红楼梦》故意把"真事隐"去了，但它却比那细微末节的"真事实"更"真"，因为它描写的是基础性的基本的真实，是那个时代、那些人物所摆脱不了的真实。

　　人在成为科学专家之前首先生活在一个普通的、日常的世界中，即使那最为专心致志的专家，也不能脱离这个日常的世界，"科学的世界"在"经验的世界"之中。作为普通的人，他的"知识"可能

美的哲学

是经不住推敲的,相当一部分来自"道听途说",根据这种"流言蜚语"来指导行动,以致"伤害""他人",在文明的世界当然是要负责任的;但"传说"有其另一面的作用。我们说过,在远古的时代,"历史"与"传说"是不大容易分开的,许多民族关于自己的最为远古的历史,大多为一些"传说"。"传说"是基本的"文学",也是基本的"历史",而所谓"史诗",正是由行吟诗人说(唱)的"历史故事"。现代的考古挖掘证明,荷马的史诗有相当大的历史真实性,但这同样是一种基本的历史真实,所以史诗仍是史诗,而不是历史科学著作。许多"民间文艺",包括"儿歌",都能在某种程度上反映出基本的历史真实,并不是这些"作者"(有的是集体性的)有多少专门的历史知识,而是他们在生活中把握住了它的基本的脉搏,反映了历史生活的基本真实。

不仅如此,艺术还迫使"专家"回到历史生活中来,使"专家"从"概念世界"回到"生活世界"中来,恢复其普通人的本来面貌。

"专家"作为"专家",生活在"理论体系"中,生活在实验室中。"历史学家"在一个无形的、意象的"实验室"和"理论体系"之中,要把"过去"的"事实"揭示、复现它们之间的因果联系,他的著作,就是他这个"体系"的成果。但即使是最有学问的历史学家也不会对艺术品中某些不合"史实"之处过多地加以挑剔。"史家"可能会带着他的职业的特点来看"戏",但"戏"却坚持地迫使"史家"面对一个充满矛盾斗争、也难免有错误的活生生的世界,以自身的细节的、详尽的"真实性",迫使"史家"作为"专门知识家"暂时"沉默"。"戏"迫使"史家"承认:历史的知识固然十分高贵,但知识之树扎根于生活的泥土里;而"泥土"虽不是"纯净"、"干净"的东西,却是生命之源泉。

　　"史家"作为"史家"要揭示一个既成的、过去了的世界，一个已经"死了的"世界；而艺术家则要努力再现、复现、保存一个活生生的世界。当然，艺术家不是巫师，不可能、也不相信有"起死回生"之术，只有宗教才"迷信"这种永恒的"活"的原则。艺术家只是要揭示：他所说的这些"人"都"曾是""活"的。所谓"曾是""活"的，就意味着这个"活"是"有限的"。"有限的活"、"历史的活"，即是说，在那一段"历史"中，是"活"的。秦始皇命建阿房宫，"始皇帝"及建宫工匠虽然早已亡故，阿房宫也已片瓦无存，但"秦始皇命建阿房宫"这件事作为"历史""事实"，却永远"在"那里；秦始皇命筑长城，长城固尚存留，但历经风霜当已非昔日风貌，然而"始皇帝命建长城"是为历史"事实"，不可变更。史家们研究这些"事实"之间的前因后果，分析它们在当时和长远的意义作用，作出功罪的评论……，因为这些"事实"都是"人为"的，不是"自然"的，因而史家在探究它们之间的因果关系时，必定要涉及到"作者"的"动机"，譬如建阿房宫是为了享乐，而筑长城是为了抵御外族侵略等等。

　　然而，一切过去了的"事实"都曾是活人做的。所谓"活人"不仅是指"有胳膊有腿的人"，也是指"有思想有感情"、"有七情六欲"的生活中的人。"活人"要"做事"，首先必须面对既成的"事实"；而要"做事"，就是要做另一些"事"来"改变"既成的"事实"。

　　因而人所面对的那些"事实"又提供了一定的可能性，可人作出"选择"。在具体的时空条件下，人的"选择"是"自由"的，他可以"做"一件事，也可以"不做"一件事；但这种"自由"又是有限的、有条件的，因而它的可能性是规定好了的；人"做事"是"自由的"，但又是规定好了的，所以人的"自由"是一种"命定了的自由"，这就是历史的"命定"和"命运"。

　　生活是复杂的，"做人"和"做事"是很复杂的，如何运用人的这种"命定的自由"也是很复杂的。人们面对"大军压境"、"兵临城下"的抉择不是一种抽象的"自由论"所能理得清楚的困境。"兵临城下"决一死战固然不失英雄本色，但为了保护城池以及平民百姓的生命，而避免一场恶战，不顾自己背上"懦夫"、"叛徒"的罪名而决定"投降"，也还需要相当的勇气，于是历史上有些"投降"，就可以叫"起义"，叫"弃暗投明"，凡"（人）事"似乎都有"褒"、"贬"两顶"帽子"。是非功罪当有历史的公正的裁决，这里只是想说明，人所作之事，必要承担"责任"，但也不是不容"辩解"的。"人"是"自由的"，因而是要负责的，但"人"的"自由"又是"有限的"，对这种"自由"的运用是受时间、地点、条件限制的，因而对历史的"命运"又是容许"辩护"的，就像任何"犯人"都应容许律师的"辩护"一样。艺术正是要把这种历史生活的复杂性，把人的自由的有限性、相互制约性，把人的历史的命运揭示出来，向包括史家——法官在内的观众揭示出来，请他们在作出公正、无情的裁决时考虑到这种复杂性。

　　当然，法律不讲情面，历史的事实是铁板钉钉的，人一旦作出决定便只能化为现实，就在因果系列中增加了新的因素，必定要承担一切由此产生的后果，因而，史家的工作面对的是铁的事实，他笔下的褒贬也是无情的。但是，生活是有情的。前引席勒说，生活是严酷的，艺术是温柔的，但事实上，艺术之所以是有情的，正因为生活———一种基本的、日常的生活原来是有情的。这并不是说，艺术没有褒贬。艺术家并不是"悲天悯人"、"普渡众生"的"仙"、"佛"。艺术家像生活里的人一样，有强烈的爱憎。艺术是道德的象征，艺术家的褒贬是生活本身的褒贬，因而是更为基础的、更为普遍的褒贬。艺术家的褒贬，不是专家（史家、法官）的判决，而是普通人的判决，从专家的眼光来看，它具有普通人的判断所具有的一切优点和缺点。

于是，从思想形式来看，我们似乎有两部历史：一部是史家们写的历史，一部是艺术家写的历史。它们二者当然都是植根于历史的实际生活，但侧重点似乎是不同的。史家侧重过去的既定性，艺术家则侧重于过去的可能性。艺术家和史家都在说过去的"事"，史家把这些"事"当作既成"事实"来说，艺术家则把它们当作当时曾活着的人的"作品"来说。史家笔下的重点在"事"，"人"是"作事"的"人"；艺术家的笔下重点在"人"，"事"是"人"作的"事"。

"作偷窃之事""者"，必为"贼"，就像"写史书""者"为"史家"一样明白。然而为"盗贼"者中亦有各种不同的情形，亦有各种不同的"人"，更不用说，历史上竟有身为"犯人"而又兼为"史家"的。"人"的一生，必定会作很多的"事"，其环境、条件、动机因而作用和性质可以是很不相同的。这种情形，在生活中总是有一个基本的标准，并不常常引起太多的麻烦，因为一条最基本的生活真理就是：人不是神，人总是会犯错误的。一些人主要从事某些工作，而在做另一些事时，则时常犯错误，这方面错误大了，也会受谴责，甚至判刑坐牢，但他主要从事的工作当有公正的评定。譬如当代著名音乐指挥家卡拉扬. 据说年青时曾参加过纳粹党，但他一生主要做的事为卓有成效地把音乐奉献给人们，因而受到广大普通人的崇敬。类似的例子，古今中外皆有，因为他们所作之"事"主次比较分明，史家与艺术家的看法比较一致，未曾引起问题。但这里的问题在于：从知识上说，我们只有通过一个人的所作所为——"事"来"认知"这个人的特性——是忠，是奸，是史家，还是指挥家……；但就生活中的复杂情形来看，同一件"事"，或相同的"事"，在不同的"人"做来，则可以有不同的意义和性质。艺术就是要把这种复杂性揭示出来。所以，从这个意义来说，即不是从纯粹的知识角度，而是从生活的角度来说，史家笔下的"历史"给人以规律性的知识，而艺术家笔下的"历史"，则给人以活生生的生活的体验。

艺术家笔下要写出历史人物选择的可能性，也要写出"决断"的严重性。"无可选择"的"事"除非在特定的背景下，才成为艺术的典型题材。扑灭火灾，当义不容辞，是一条道德的命令，非救不可，一般说是不容选择的，抽象地以这种"事"为艺术题材，则不免有"道德说教"之感。但是在特定的情况下，"救火"面临着生死的抉择，或者是"仇人"家着了火，"仇人"落了水，救与不救，则就不那样简单，就有"活思想"。这是一个时有讨论的老问题，但并没有一个现成的答案。在类似的情形下，即在多种可能性的情形下，做出的决断，则其选择的"理由"，是由具体的"人"和"事"规定的，什么样的"人"，作出什么样的"选择"，带有历史的决定的性质，虽然我们并不能在知识上推断该人在此种情况下"一定"会如何行动，但按照"这一个"人的"特点"，在某种条件和情况下他会作出何种选择和决断，是可以在情理中作出预测的。这正是文学戏剧中常常谈到的莎士比亚笔下哈姆雷特的所谓性格的悲剧：哈姆雷特只能作出那样的选择而承受那样的后果，否则就"不是"哈姆雷特。

不错，"知人知面不知心"，在生活经验中，要想准确无误地预测到对方（他人）的行动，在理论上是不可能的，但在实际上，我们总是在"审情度势"，根据主客观的条件来预计对方（他人）会怎样做。这不是理论上的科学性知识，而是存在论上的基础性的知识，即根据"这一个人之所以为这一个人"——哈姆雷特之所以是哈姆雷特，会作出怎样的选择，作出何种的事情。艺术家、文学家正是以这种最为基础性的生活经验的"逻辑"来展开他的人物的活动，在这种活动中，显示"这一个"人的性格，在人物的所作所为中展示这种生活的必然性，即"这一个"人的"历史命运"。这样，艺术中人物（历史人物）的思想、感情是活的，"人"不是"概念"、"种类"的化身，但也不是偶然的"闪念"。

　　艺术中的"人物"是在艺术虚拟的时空中活动的，生活中的"人"是在实在的时空中活动的。艺术之所以要把时空虚拟化，在于要保留"人"的活动的实在的规定场所和情景，而不至成为历史记载中的概念的时空——时空的序列成为逻辑的次序。作为知识形式的时空概念是知识的条件，即使说它是一种"直观"，也是经验直观的"先天条件"；但生活的时空，是人的活动场所，是和人的活动分不开的。生活的时空，就是人的"世界"："世"——时间，"界"——空间。"世界"不仅仅是"环境"，"环境"是知识和实用的"对象"，"世界"则与"人"同"在"。戏剧中写实的背景（布景）和虚拟背景的区别常引起争论，终于被承认为两种不同的戏剧风格，二者都得到了肯定。中国传统戏曲只设定一个非常"虚"的活动时空，甚至它的时空是演员表演（人物活动）所"创造"出来的。演员不是魔术师，不需要变幻海市蜃楼，他是通过自己模仿（或舞蹈化的动作）人物的活动来"提示"（显现）这些"活动"所需要的时空。

　　"开门"的动作，意谓着"门"的"存在"；马鞭的飞舞，意味着马的奔腾。灯火明亮的舞台，却完全可以"创造"出"漆黑一团"的情景。戏剧艺术经验本身的日积月累，戏曲的程式，似乎成了一套特殊的"语言"（符号），需要一定的文化"训练"，才能看懂。然而，今日看到的那些虚拟化、程式化的戏曲动作，实在仍是未脱离生活本身的形式，因而毕竟不是"概念"，或特殊的、约定俗成的"符号"。在我们的实际的基本生活经验中，我们的世界是与我们的活动分不开的，我们的世界，我们的时空、眼界，随着我们的活动而不断地变化、发展和扩大。即使是最为写实的戏剧—话剧，也不可能把哪怕是室内的背景真的布置得如同真实的家庭完全一样而毫无选择，甚至电影也难以并不必做到这一点。艺术要求的"背景"是一个"世界"，而不是一个"环境"。契诃夫说过，他的戏如果在第一幕的墙上挂上一支枪，到了最后一幕总是要让它响的。

在以往的艺术形式中，"戏剧"与"历史"的关系最为密切，它好像是一部"活的历史"。"演员"似乎有点像"哲学家"。"哲学家"是把"他人""想过"的"问题""自己"重新"想"一遍；而"演员"则是把"他人""做过"的"事"在虚拟背景中"自己"重新"做"一遍。"演员"要把"他人"的"事"虽虚拟但又真实地重新"做"一遍，则要"设身处地""揣摩""他人"的性格以及在规定情景中的活的思想感情和据此而作出的决断，即"演员"要深刻地体验、理解、掌握"角色"的历史命运。中国传统戏曲的表演艺术中有许多大演员被誉为"活曹操"、"活张飞"、"活周瑜"……，就是称誉这些演员对"他人"的性格、思想、情感有很高的体会和理解以及与之相应的灵感和表现技巧。

这样，人作为一个读者、欣赏者，或一个普通的人，不光要读史书，而且要看戏，读"演义"，听鼓词和说书。人不仅要回忆、理解历史，而且要体验历史。"演义"似乎是根据"正史"敷演而成，似乎在"正史"之后；但"演义"比起"正史"来，更接近历史的生活，是更为基础的、更为基本的、因而是更为生动的历史，从这个意义来说，"演义"又在"正史"之前。"电影"是一项伟大的发明，它似乎正在泯灭"历史"与"艺术"的界限，永远保存"历史"的活生生的画面和场景。"电影"当然也不能"改变""历史"，但却尽可能在很大程度上把"活的历史"保存下来，因而是"历史"的不易争辩的"活的见证"。尤其是近几十年来电视、录像技术的发展，在很大程度上改变着人们的知识结构和艺术趣味，迅速地扩大着人们的知识面，增加着信息量，陶冶着人们的审美情趣。

然而，电视、录像的发展和普及最重要的结果还在于更加经常地提示着一个基本的生活世界的存在，一个生动活泼的历史世界的存在，一个有血有肉的"他人"的存在，而不至于误认那"概念"的、"逻辑"的"字"和"书"的世界为真实的世界。

音乐原是将"语词"的概念的世界"还原"为"声音"的世界，使"声音"本身富有"意义"而为"诗意的世界"。这样，"音乐"和"诗"一样使那个"寂静"的概念世界（"纯意义世界"）喧嚣起来。"生活的世界"本来就是吵吵嚷嚷的，是一个"有声"的世界。"音乐"提示着那个世界的存在，从而使人们从"概念的世界"回到有声的生活中来。录音技术的发展，使得"音乐"成为可以普及的艺术享受。

人们固然不必先为贵胄才得在宫廷中享受那美妙的莫扎特的乐曲，甚至也不必到音乐厅去聆听那贝多芬的宏伟乐章，音乐作品也和小说一样，几乎可以成为"案头"之物，随心所欲地将世界最有名的乐队请来演奏，如同随时可以翻阅莎士比亚的作品一样。

作为一种工具，科学与技术的发展可以有多方面的意义。西方的思想家长期以来为他们那种高科技发展给人类带来的问题和危机深表忧虑，这当然也有他们的理由。科技的发展必先将活生生的生活世界分割开来，以这种手段来控制自然、控制生活，使人类"迷信"自己的力量，而无限发展自己的意志和欲望，以致使世界的生态失去平衡，科技上的一点微小的错误，也许会带来相当严重的后果，而人却不能保证一点错误也不犯。这个道理，由一些有远见卓识的、深思熟虑的思想家、哲学家出来提醒人们，是很必要的。然而，高科技的发展，仍有另一方面的意义，即它可以被利用来更为生动、更为普及、更为广泛、更为强烈地保存并经常提示一个基本的生活世界的存在。声象技术的发展，就极大地提供了这种方便，使人们更容易地回到这个世界，更主动地体验这个世界。只要在正确的引导下，高科技的发展，同样也有利于生活的艺术化。

记录语言的文字的发明，固然已经促进了科学技术的发展，从而训练了人的抽象的、概念的思维能力，但同时也有利于创造无数优秀的文学作品，在中国还促成了一种特殊的艺术部门的成长——书法艺术，它和歌唱一样，使概念的语词符号（文字）永远挣脱不了那诗的意境。

简短的结束语——让生活充满美和诗意

生活充满了斗争，斗争给人带来乐趣；生活必有生、老、病、死，但生活的意义和价值不会永远失落，因为"他人"在时间和空间中延伸着这种价值和意义。"他人"是这种价值和意义的历史见证人。历史包含了过去、现在、未来。不仅"过去"规定着"现在"，"未来"同样也影响着"现在"，"过去"和"未来"都在"现在"之中，"现在"不是一个几何"点"，而是一个"面"，人们每天都在"过去"的规范下、在"未来"的吸引下生活着、工作着。"往者"未逝，"来者"可追，"价值"、"意义"不是碎片，而是延伸。

科学不断地变换并丰富着这种价值和意义的内容和形式，而宗教曾被认为是这种价值和意义的依据和保证。西方人从尼采开始就为失去神、失去宗教、失去信仰而如何使生活有"意义"而发愁。实际上，生活的意义不是"神"给予的，不是一个超时空、无时空的"精神实体"所赋予的，而是在时空中、有时间性的人自身创造的，是"历史"所存留下来的。因此"意义"也不是无时空的"概念"，不是学说、教条和理论，而是在那历史的事迹、生活的轨迹之中，就在那山山水水、高楼大厦之中，就在那最平凡、最基本的生活之中，在那最为普通的人民的劳动和生活之中。

　　"人"本是"诗意地"存在着,"历史地"存在着,"实际地"存在着,"人"按照"美"的规律来创造,来生活。生活中本充满了"美"和"诗意"的"标帜",等待着那配得上"诗人"的"人"去"识别"。那崇山峻岭、小桥流水、画栋雕梁、茅屋鸡舍固然充满了诗情画意,那隆隆的机器声、风驰电掣的飞机汽车,无不有一种现代生活的气息和情趣,甚至那路边的野草小花,也是那样生意盎然,可以触发人们的情思。人生充满了喜怒哀乐,那无情的灾祸,使普通人民流离失所,但那饥荒、瘟疫、战争……无不非常强烈地提示着一个基本的生活的世界的召唤,洗涤着人们的自私、贪欲、奢侈和独断。灾祸提醒人们想起那已然失去的美好的世界,去努力克服灾祸,去重建一个美好的世界,为争取一个基础的、基本的生活世界而奋斗。因此,艺术和美也并不是排斥斗争,沉醉于"无差别的""绝对"之中。我们喜爱莫扎特的甜美的小夜曲,也喜欢贝多芬的交响曲,就在恬静的田园风光中,也不免有暴风降临。

　　英雄是很值得崇敬的,但英雄之所以为英雄,正在于他是为一些基本的原则而斗争,从而使人民不失去基本的生活世界,就像"天才"并不是"超人",而是最为基本的人一样。英雄仍在历史和生活之中。

　　英雄当然也有失落基本原则的时候,以天下为"己用",称雄一世,而最终为生活所抛弃,这是一种悲剧的英雄。英雄时常"失控",以"自我"凌驾于"他人"之上,所以历史上的英雄常常有悲剧的性质。

　　苏东坡的一些词和赋,很好地写出了历史英雄的悲剧性,是很好的"清醒剂"。"悲剧性"不是悲观主义,英雄的悲剧性,是普通人的生活的肯定,是基本的生活的肯定。英雄的悲剧性在于:称雄一世的公瑾、孟德,在基本上原是和普通百姓一样,他们也都是历史性的、时间性的，而不是不朽的、永恒的。"如今安在哉！"不错，他（们）"在""记忆"、"思想"以及这些"记忆"、"思想"的"记录"中，在"书"中，在"符号"、"记号"中，而"不在"实际的、现实的世界之中。甚至他们（所作、150简短的结束语——让生活充满美和诗意所为）的"意义"，也不是一个无时间的"概念"，不是知识性的"定理"迫使人人都要接受，而是同样在时间、历史之中，功罪都由后人评说。

英雄同样是人，同样要过普通人的生活，只是在蓬勃的野心和纷繁的事务中常常忘记了这种生活，英雄和想当英雄的人常常有那种海德格尔叫做"存在的遗忘"的毛病。科技的进展，社会的发展，想当英雄的人越来越多，这种"遗忘症"也就越来越流行；但是当英雄回到了生活时，生活对他就立刻显得美好起来，就会对他显示"诗意"。曹操也作诗。说来奇怪，这样一个驰骋疆场不可一世的英雄，写出来的诗却充满了悲凉的意味。"譬如朝露，去日苦多"、"绕树三匝，无枝可依"。一方面，他的绩业显示了他统治四海的雄心和野心，另一方面，他也深深懂得人的有限性和"四海"太大反倒无以为"家"这样一些最基本的经验和最基本的道理。在这些经验和道理面前人人平等，帝王和百姓一样，只是帝王将相要想起这些道理、体会这些经验则需要多作努力，需要有更多的自觉性和更多的洞察力。曹操就是中国历史上具有这种穿透力和洞察力的一位英雄人物。更为普遍的情形是那些帝王将相在相当失意的时候才想起一些为人的基本道理，想起那基本的生活经验。宋代政治不稳定，宦海沉浮，苏东坡在贬谪时写出了不少好作品，体会出赤壁鏖战亦成过眼云烟，而与渔樵于江渚之上也一个样子，固为传世之作，但比起曹公的诗来，却多了点"牢骚"的味道。

人民群众是历史的主人，对"我"来说，"人民群众"是"他人"，"他人"是"主位","我"只在"宾位","我"生活在群众之中，生活在"他人"之中；"我"的眼睛里有"他人"，"我"的眼睛里也就有"美"，"我"的"世界"也就有"诗意"。"我"的"世界"是一个"生活的世界"，是一个"活"的"世界"，因为"他人"是"活人"；"历史"是"他人的历史"，因而也是"活（人）的历史"，或曾是"活（人）的历史"。残垣断壁已不避风雨，但那里曾住过"活人"，"我"看到这些陈迹，似乎就"看到"曾住在那里的人。风花雪月不仅与"我"有关，而且更与"他人"有关。天边的月亮，照着"我们"，也曾照过"他们"（古人），也还会照"来人"，尽管在知识上并不否认月球会有何种变化，然而"不废江河万古流"，是生活世界给我们提供的视野，而不是一个知识性的判断。生活的视野展示了的"未来"，天边的月亮已为"古人"作"见证"，也会为"今人"向"来者"作"见证"。从这个角度看世界、看自然，无处不可发现美，无不富有诗意。

"忘记""美"、"失落掉""诗意"，就是"忘记""他人"，"忘掉""我"与"他人"原本是一样的。"物我两忘"、"物我交融"常被用来说明诗的境界，然而"我"不可能真的与"石头"、"树根""相融"，但"我"却可以而且应该与"他人""相融"，"他人"是"我"与"自然"交融的契机，因为"我"与"他人""同在""一个世界"中，"同在""历史"

的长河中。通过具体的交往——包括各种形式的"斗争"，"我"与"他人"的和谐一致就是美，就是诗。至此，西方古典主义美学关于"美的和谐论"，当有一种新的解释、新的内容。

"我"投身于"他人"之中，"我"因和"他人"一样，所以是一个"平常的人"，表面上看，可能是"平庸的人"，但绝不是"庸俗的人"，就其以"他人"为"主位"的态度言，恰恰是"高尚的人"。"诗人"

当是这样的"高尚的人",也是"平常的人"。只要人们不会完全"忘记""他人",不会完全"忘记"自己原本是"平常的人",美和诗意就不会真的失落。

1989年8月5日于中国
社会科学院哲学研究所完稿

参考书目

马克思、恩格斯:《德意志意识形态》

马克思:《经济学－哲学手稿》

毛泽东:《在延安文艺座谈会上的讲话》

亚里士多德:《诗学》

康德:《判断力批判》

黑格尔:《美学》第一卷

海德格尔:《存在与时间》

钟嵘:《诗品》

王国维:《人间词话》

出版后记

叶秀山先生在写作《美的哲学》一书之前，已经就戏曲、戏剧、书法、美育等诸多美学问题写过专文或专著，因此可以说，这部从哲学角度谈论美学的著作是作者长期思考的理论升华和总结。

由于作者是站在哲学的高度高屋建瓴地阐释美学问题，并以自己独特的"思"、"史"、"诗"相统一的哲学观点一以贯之，使得这本不算太厚的小书具有超越美学学科的高度和深度，具有相当高的学术价值，深受读者喜爱。因此，我们邀请叶先生在时隔二十年后，仔细地对本书进行了重新校订，使得本书的语言更加准确流畅，并为这个重订本写了新的序言，读者可以从中看到叶先生这些年来对美学问题更加深入的考量和感悟。

希望这个重订本能够使您学会如何使生活充满美和诗意！

服务热线：133-6657-3072　188-1142-1266

服务信箱：teacher@hinabook.com

后浪出版公司

2010 年 8 月

图书在版编目（CIP）数据

美的哲学 / 叶秀山著. —北京：北京联合出版公司, 2016.6（2020.6重印）
ISBN 978-7-5502-4527-3

Ⅰ.①美… Ⅱ.①叶… Ⅲ.①美学—通俗读物 Ⅳ.①B83-49

中国版本图书馆CIP数据核字(2015)第146085号

Simplified Chinese edition

Copyright © 2015 POST WAVE PUBLISHING CONSULTING (Beijing) Co., Ltd.

本书中文简体版权归属于后浪出版咨询(北京)有限责任公司

美的哲学（重订本）

著　　者：叶秀山

出 品 人：赵红仕

选题策划：后浪出版公司

出版统筹：吴兴元

责任编辑：王　巍

特约编辑：陆　炎

营销推广：ONEBOOK

装帧制造：墨白空间·韩凝

北京联合出版公司出版

（北京市西城区德外大街83号楼9层　100088）

天津创先河普业印刷有限公司印刷　新华书店经销

字数118千字　787×1092毫米　1/16　10.5印张　插页4

2016年8月第1版　2020年6月第2次印刷

ISBN 978-7-5502-4527-3

定价：26.00元
